丛书编委会

主　任：蒋永穆
委　员：邓忠奇　贺立龙　胡超然　李江一
　　　　骆　桢　唐　永　姚树荣　余　澳

新时代经济学国家一流专业建设的川大实践

主　编◎蒋永穆　等
副主编◎姚树荣　唐　永　骆　桢

四川大学出版社
SICHUAN UNIVERSITY PRESS

图书在版编目（CIP）数据

新时代经济学国家一流专业建设的川大实践 / 蒋永穆等主编． — 成都：四川大学出版社，2023.5
（国家一流专业建设丛书 / 蒋永穆主编．经济学）
ISBN 978-7-5690-6119-2

Ⅰ．①新… Ⅱ．①蒋… Ⅲ．①高等学校－经济学－学科建设－研究 Ⅳ．①F-4

中国国家版本馆CIP数据核字（2023）第082184号

书　　　名：	新时代经济学国家一流专业建设的川大实践
	Xinshidai Jingjixue Guojia Yiliu Zhuanye Jianshe de Chuan-Da Shijian
主　　编：	蒋永穆　等
丛 书 名：	国家一流专业建设丛书·经济学
丛书主编：	蒋永穆

选题策划：蒋姗姗
责任编辑：蒋姗姗
责任校对：廖苤峰
装帧设计：墨创文化
责任印制：王　炜

出版发行：四川大学出版社有限责任公司
　　　　　地址：成都市一环路南一段24号（610065）
　　　　　电话：（028）85408311（发行部）、85400276（总编室）
　　　　　电子邮箱：scupress@vip.163.com
　　　　　网址：https://press.scu.edu.cn
印前制作：四川胜翔数码印务设计有限公司
印刷装订：成都市新都华兴印务有限公司

成品尺寸：170mm×240mm
印　　张：11.75
字　　数：221千字
版　　次：2023年9月 第1版
印　　次：2023年9月 第1次印刷
定　　价：68.00元

本社图书如有印装质量问题，请联系发行部调换

版权所有　◆　侵权必究

扫码获取数字资源

四川大学出版社
微信公众号

序 言

教育是国之大计、党之大计。党的十八大以来,党和国家围绕培养什么人、怎样培养人、为谁培养人这一根本问题,全面加强党对教育工作的领导,坚持立德树人,坚持优先发展教育事业,坚持社会主义办学方向,坚持扎根中国大地办教育,坚持以人民为中心发展教育,加强学校思想政治工作,推进教育改革,加快补齐教育短板,教育事业中国特色更加鲜明,教育现代化加速推进,教育方面人民群众获得感明显增强,教育的国际影响力加快提升。党的二十大报告再次强调,"全面贯彻党的教育方针,落实立德树人根本任务,培养德智体美劳全面发展的社会主义建设者和接班人"。同时,报告还指出必须"加强基础学科、新兴学科、交叉学科建设,加快建设中国特色、世界一流的大学和优势学科"。

专业是人才培养的基本单元,是对学科的选择与组织,是建设高水平本科教育、培养一流人才的"四梁八柱"。2018年10月,教育部发布了《关于加快建设高水平本科教育全面提高人才培养能力的意见》。该意见提出实施一流专业建设"双万计划",即"以建设面向未来、适应需求、引领发展、理念先进、保障有力的一流专业为目标,建设1万个国家级一流专业点和1万个省级一流专业点,引领支撑高水平本科教育"。在此背景下,四川大学按照教育部要求并结合学校具体情况,稳步推进国家一流专业建设工作,截至2022年10月,共获批93个国家一流专业,其中经济学院的经济学、国际经济与贸易、国民经济管理、金融学、财政学、金融工程6个本科专业均入选国家一流专业建设点。

四川大学经济学院经济学专业历史悠久、传承厚重,可追溯到1902年的四川大学经济科,距今已经有一百余年的历史。作为四川大学传统优势学科的政治经济学,积淀深厚,发展迅速。1984年获准硕士学位授权点,1990年获准博士学位授权点,2003年获准建立理论经济学博士后流动站,2004年被评为四川省重点学科,2006年获得理论经济学一级学科博士学位授予权,2007年被批准成为国家重点学科,2019年四川大学经济学院经济学专业入选首批国家级一流专业建设点。此后，学院按照经济学国家一流专业建设标准，立足学院的基本情况，依托四川大学"马克思主义与当代中国"一流学科（群），借鉴国内外顶尖院校经济学专业的建设经验，加快推进国家一流专业建设，在师资队伍、教学改革、科学研究、课程思政、人才培养等方面均取得了较为显著的成绩。在师资队伍方面，我院现有教职工134人，其中专任教师122人，教授44人，副教授51人，文科讲席教授2人，"中央马克思主义理论研究和建设工程"首席专家1人，国务院政府特殊津贴专家7人，国家社科基金重大招标（委托）项目首席专家5人，"让·莫内讲席教授"2人，教育部"新（跨）世纪优秀人才支持计划"4人，四川省学术和技术带头人11人，四川省突出贡献专家2人，四川省学术和技术带头人后备人选10人，四川大学"双百人才"计划A类人才2人、B类人才9人。在教学改革方面，2020年以来，四川大学经济学院2门课程被认定为首批国家级一流本科课程，8门被认定为省级一流或示范本科课程。近三年来，学院教师亦承担了多项省级以上教改项目，教改成果获得国家教学成果特等奖2人次，四川省高等教育教学成果奖1人次，四川省教学成果一、二等奖共47人次。在科学研究方面，2017年以来，学院教师共获得各级各类科研项目500余项，科研总经费达到7000万余元。承担国家级科研项目36项，其中国家社科基金项目26项（含1项重大项目、2项重点项目）、国家自科基金项目10项。承担省部级科研项目50余项，在《中国社会科学》《经济研究》《美国经济评论》（AER）等权威期刊上发表论文400余篇。在课程思政方面，"社会主义经济专题"获评省级"课程思政"示范性课程，"新时代中国特色经济学课程思政教学团队"为省级课程思政示范团队。在人才培养方面，四川大学经济学院积极探索各类人才培养模式，除了经济学本科专业外，还积极探索学科交叉人才和拔尖人才培养。创建于2009年的数学经济学创新班，经过十余年探索，"数学经济学（双学士学位）"已获批国家交叉复合型创新人才培养计划。2018年秋，经济学拔尖学生培养基地作为学校8个"拔尖计划2.0"之一予以设立。2019级经济学拔尖班学生（共15人）继续深造率为100%：1人出国深造，2人保研至北京大学，3人保研至中国人民大学，1人保研至浙江大学，6人保研至四川大学，1人保研至中央财经大学，1人保研至中国政法大学。

　　本书是《国家一流专业建设丛书·经济学》的第一册，收录的论文均是经济学专业的一线任课教师根据自身教学科研经验，针对学科建设、教学改革、课程思政、人才培养等方面撰写的感悟与建议。本书内容分为三个部分：一流专业建设、课程思政建设和教学改革探索。一流专业建设部分共收录了10篇

序　言

论文，分别从中国特色经济学体系构建、坚持立德树人、经济学人才培养、建立中国经济学发展的后发优势、加强习近平经济思想教学、加强经济史学教学等方面探讨了经济学一流专业建设相关问题。课程思政建设部分共收录了9篇论文，分别从课程思政建设实践、课程思政方法的探索及"政治经济学""西方经济学""环境与资源经济学""计量经济学""会计学""统计学原理"等具体课程的课程思政实践方面分析了经济学课程思政的相关问题。教学改革探索部分共收录了5篇论文，分别从分批次小班化教学、视频案例教学的影响因素与对策及"中国特色社会主义政治经济学""宏观经济学""计量经济学"等具体课程教学方面研究了经济学教学与改革的相关问题。

本书得到四川大学国家一流专业建设经费、四川大学"马克思主义与当代中国"一流学科（群）建设项目、成都市哲学社会科学研究基地"中国特色社会主义政治经济学研究中心"的资助。四川大学经济学院经济系20余位老师和马克思主义学院朱莉老师共同参与了本书的写作工作。四川大学经济学院蒋永穆院长主持了全书内容的设计、组织、修改和统稿工作，姚树荣老师、唐永老师和骆桢老师参与了全书内容的修改、统稿和协调工作。同时，在本书出版过程中，得到了四川大学出版社的大力支持和帮助，在此谨致谢意。

编写组
2022年10月

目 录

一流专业建设

综合大学财经类国家一流专业建设中中国特色体系构建初探
……………………………………………………蒋永穆 朱 莉（ 3 ）
新文科理念下"经济学+"跨学科人才培养模式研究
——基于四川大学经济学国家一流专业建设的思考…………姚树荣（ 9 ）
以马克思主义为指导扎实推进立德树人根本任务…………………余 澳（ 14 ）
高校"三全育人"需要构建五个协同机制…………………………朱 莉（ 18 ）
"三全育人"视角下高校教师在课程思政建设中的角色思考 … 李晓波（ 21 ）
经济学教学要始终坚持中国特色社会主义育人方向………………徐海鑫（ 27 ）
在经济学课程思政建设中加强习近平经济思想教学的思考……卢 洋（ 32 ）
如何建立中国经济学发展的后发优势………………………………李江一（ 39 ）
树立大历史观，讲好经济史学………………………………………唐 永（ 43 ）
专业史学课程教学中的有关问题思考………………………………杨 林（ 48 ）

课程思政建设

"一主线两阵地三抓手"课程思政方法的探索与实践 …………余 澳（ 57 ）
高校经济学课程思政建设实践的文献简述……………赵雯菲 谯 薇（ 62 ）
因时而进，因势而新：关于经济学课程思政的思考………………廖静文（ 68 ）
政治经济学原理教学中关于课程思政的思考………………………骆 桢（ 72 ）
浅谈西方经济学课程中的思政教育…………………………………陈显娟（ 75 ）
高校经济类课程融入课程思政教学的实践路径
——以环境与资源经济学为例……………………………………陈晓兰（ 79 ）
计量经济学课程思政建设的思考……………………………………曹 翔（ 85 ）

会计学课程思政的探索与思考……………………………………严　丰（90）
统计学原理课程思政案例分析
　　——以第七次全国人口普查为例………………………胡超然（97）

教学改革探索

关于中国特色社会主义政治经济学教学与科研的思考…………贺立龙（105）
基于视频案例的经济类课程思政建设影响因素与对策研究
　　………………………………………………刘　勇　王健龙（112）
关于分批次小班化教学的几点思考………………………………邓忠奇（128）
关于宏观经济学教学的几点思考……………………………………赵　达（136）
提高计量经济学辅修课程教学质量的思考…………………………段龙龙（140）

附　录

国家级一流专业建设点……………………………………………（151）
一级学科博士学位授权点…………………………………………（152）
经济学本科专业培养计划…………………………………………（153）
经济学（拔尖计划）本科专业培养计划…………………………（155）
2017—2022年获批国家社会科学基金项目一览表………………（157）
2017—2022年获批国家自然科学基金项目一览表………………（159）
省部级以上教学改革项目一览表…………………………………（160）
省部级以上代表性教学改革及成果展示…………………………（162）
省部级以上一流本科课程一览表…………………………………（164）
基层教研活动（部分）……………………………………………（165）
党史学习和党史进课程……………………………………………（167）
课程思政教学研讨活动……………………………………………（169）
青年教师新时期如何加强师德师风建设…………………………（171）
近年来本科生科研、实践成果展示………………………………（173）
近年来本科生代表性学术竞赛国家级获奖………………………（176）

一流专业建设

综合大学财经类国家一流专业建设中中国特色体系构建初探

蒋永穆　朱　莉[①]

摘　要：建设国家一流专业是新时代做强一流本科、建设一流专业、培养一流人才，全面振兴本科教育，提高高校人才培养能力，实现高等教育内涵式发展的重要手段。综合大学在财经类国家一流专业建设中，应始终牢牢把握教育的根本问题，立足三个"独特"，坚持中国特色，不断构建深化中国特色的人才培养体系，教育和引导学生用中国特色的马克思主义经济学知识体系、理论体系、方法体系来回答中国之问、世界之问、人民之问、时代之问。

关键词：国家一流专业建设；中国特色；人才培养体系

2022年4月25日，习近平总书记在中国人民大学考察调研时，强调"我国有独特的历史、独特的文化、独特的国情，建设中国特色、世界一流大学不能跟在别人后面依样画葫芦，简单以国外大学作为标准和模式，而是要扎根中国大地，走出一条建设中国特色、世界一流大学的新路"，为当前高等教育指明了方向。

以习近平新时代中国特色社会主义思想指引的一系列重大改革和发展，都反映出中国特色社会主义学理论在新时代取得的重大突破。作为经济学教育和科研工作者，我们当前最重要的任务就是立足中华民族伟大复兴战略全局和世界百年未有之大变局，扎根中国实践，把马克思主义基本原理同中国具体实际相结合，同中华优秀传统文化相结合，学深悟透习近平经济思想，在人才培养中更加突出强化中国特色，不断推进习近平新时代中国特色社会主义理论体系"三进"工作，用中国特色的知识体系，培养国家和社会需要的经济学高水平

[①] 蒋永穆，四川大学经济学院教授、博士研究生导师、四川大学经济学院院长；朱莉，四川大学马克思主义学院讲师。

专业人才。

一、财经类国家一流专业建设为什么要坚持中国特色

中国坚持以马克思主义为理论指导，中国特色的经济学必须坚持马克思主义经济学的研究范式。当今时代的经济学主要有马克思主义经济学和西方经济学两大范式。在一些西方经济学者看来，世界上只有一种经济学即西方经济学，中国没有自己的经济学。他们以西方经济学的研究范式来看待中国的经济思想，认为不符合西方经济学的要求，因此便认为中国没有经济学；他们认为研究中国经济问题，只需要把中国作为西方经济学研究的一个案例就可以了。然而，中国的发展有着自己特殊的国情，新中国成立以来尤其是改革开放以来，我们走出了一条独具特色的经济发展道路，取得了举世瞩目的经济成就，已有的西方经济学理论都难以正确说明人口众多、地区发展不平衡、处于社会主义初级阶段的中国是如何实现快速发展并取得重大成就的，只有中国特色社会主义政治经济学做出了合理的解释并成功指导了改革开放的实践，我们向前迈进的每一步、取得的每一项成就都是有着科学的经济学理论作为指导的[1]。

习近平总书记多次强调"把实践经验上升为系统化的经济学说"[2]，"运用马克思主义政治经济学的方法论，深化对我国经济发展规律的认识，提高领导我国经济发展能力和水平"，"从中国实践中来、到中国实践中去，把论文写在祖国大地上，使理论和政策创新符合中国实际、具有中国特色，不断发展中国特色社会主义政治经济学、社会学"。[3] 作为"系统化的经济学说"，中国特色的马克思主义政治经济学既有对中国特色社会主义经济关系和经济事实的研究，即中国特色社会主义政治经济学；也有对当代资本主义经济关系和经济事实的研究，即当代资本主义政治经济学研究；还有对以现时代经济全球化为背景的政治经济学的研究，这就是人类命运共同体的政治经济学的研究。中国特色的马克思主义政治经济学与时俱进、守正创新，成为21世纪马克思主义的重要组成部分[4]。

建设国家一流专业是新时代做强一流本科、建设一流专业、培养一流人

---

[1] 洪银兴：《中国特色社会主义政治经济学的体系构建及研究重点》，《光明日报》，2019年8月20日。
[2] 习近平：《不断开拓当代中国马克思主义政治经济学新境界》，《求是》，2020年第16期。
[3] 习近平：《正确认识和把握中长期经济社会发展重大问题》，《求是》，2021年第2期。
[4] 顾海良：《不断发展中国特色的马克思主义政治经济学》，《红旗文稿》，2021年第7期。

才，全面振兴本科教育，提高高校人才培养能力，实现高等教育内涵式发展的重要手段。在中国人民大学考察时，习近平总书记强调了"为谁培养人、培养什么人、怎样培养人"始终是教育的根本问题。在培养财经类专业人才时，我们首先要明确，我们培养的是社会主义事业建设者和接班人，就必须牢牢把握教育的根本问题，立足"三个独特"，以彰显中国之路、中国之治、中国之理为思想追求，教育和引导学生以中国为观照、以时代为观照，用中国特色的马克思主义经济学知识体系、理论体系、方法体系，回答中国之问、世界之问、人民之问、时代之问。

二、财经类国家一流专业建设怎样坚持中国特色

在改革开放和中国特色社会主义建设的实践中，中国已经形成并不断完善发展了具有中国特色的经济学，尤其是党的十八大以后，习近平总书记从党和国家事业发展战略全局的高度，对我国中长期经济社会发展重大理论和实践问题作出深入探讨，对中国特色社会主义政治经济学作出的一系列新探索新思考新论断，是新时代中国特色社会主义思想体系的重要组成部分。因此，我们在建设财经类国家一流专业、培养堪当民族复兴重任的时代新人中，必须始终立足中国实际，坚持把习近平新时代中国特色社会主义思想的立场、观点贯穿到人才培养的全过程、全方位中。

（一）确立中国特色的培养目标

应以习近平新时代中国特色社会主义思想为指导，依据新文科教育理念，确立"中国特色、世界一流"的专业定位，坚持"厚基础、宽口径、重交叉、求创新"的育人特色和"一元主导、多维创新"的人才培养模式，培养一批具有扎实马克思主义政治经济学基础，掌握中国特色社会主义经济学理论和发展前沿，对中国特色社会主义市场经济实践有深刻认识，能够回答和解决中国发展中的重大现实问题，并在未来能够基于中国经验总结抽象出一般经济规律，推动经济学基础理论创新，为人类发展和命运共同体的构建贡献中国智慧的经济学学术大师和中国特色社会主义事业的可靠接班人。

（二）明确中国特色的素质要求

应坚持立德树人的根本任务，培养学生具备良好的政治素养、道德品质和爱国爱校情怀，并具备以下方面的核心竞争力：一是坚持马克思主义方法、理

论和立场，扎实学习马克思、恩格斯原著及其相关文献，并能守正创新，将其用于对现实问题的分析；二是深刻把握中国特色社会主义市场经济实践，站在中国特色社会主义理论前沿，回答重大问题，推动理论发展；三是具有较强的逻辑分析能力、思辨能力和跨学科综合能力，熟练掌握并灵活运用经济学方法；四是具有宽广的国际视野，善于国际沟通，能讲好中国故事，展现中国智慧。

（三）构建中国特色的课程体系

在系统开设的政治经济学、发展经济学、金融学、财政学、区域经济学等课程的基础上，针对古典政治经济学说、马克思恩格斯经济思想、马克思主义理论的后续发展以及中国特色社会主义政治经济学中的经济思想分别开设课程，增开中华人民共和国经济史等课程，科学批判、准确讲授当代西方经济学课程，系统性地提供经济学分析、技术性和工具性课程以及数学、统计、计量、人工智能和高水平人文社会科学、自然科学通识等课程①，培养学生辩证唯物主义的历史观和方法论，把握中外经济的长期变迁规律，学习借鉴有益于我国现代化建设和改革开放的经济思想。同时，在高年级本科开设与硕士生、博士生培养方案有机衔接的经济学高阶课程，将学生培养为理论素养深厚、问题意识敏锐、研究手段高明、立足中国、立场坚定的高水平理论人才。

（四）优化中国特色的课程内容

一方面，始终坚持马克思主义政治经济学和习近平新时代中国特色社会主义思想在各门课程的指导和主导地位，将政治经济学经典文献与《资本论》的教学贯穿于本、硕、博培养的全过程，帮助学生打牢基础，学会用马克思主义经济学的基本原理、方法分析问题。另一方面，不断优化完善教学内容，要求教师将党的最新理论成果、个人最新的研究成果融入教学中，增设中国特色经济案例教学内容，用中国式现代化的实践经验和成就来启发和引导学生，提高课堂的含金量，切实提高人才培养的目标达成度、社会适应度、条件保障度、质保有效度和结果满意度。同时，在强调深入具体社会实践的同时，更加强调基础理论训练的严格性，强化学生的学业过程管理，把常态检测与定期评估有机结合，及时评价、及时反馈、持续改进，推动教学质量不断提升。

---

① 刘伟：《推进中国经济学学科建设和教学改革》，《中国高等教育》，2021年第1期。

（五）抓好中国特色的教材建设

全面推动习近平新时代中国特色社会主义思想进课程进教材，是《全国大中小学教材建设规划（2019—2022年）》对高校哲学社会科学教材建设提出的一项重要指导方针。对我们来说，将习近平总书记关于经济工作的重要论述融入经济学各学科教材中，构建具有中国特色、中国气派和中国风格的经济学教材体系是当务之急。习近平总书记关于经济工作的重要论述覆盖了经济改革和发展的各个方面，涉及从理论经济学到应用经济学几乎所有经济学相关学科，为这些学科的课程和教材建设提供了鲜活的内容。在具体的工作中，我们应该紧密联系经济改革和发展的实际，联系世界经济的变化趋势，深刻体会蕴含在其中的马克思主义立场、观点和方法，进一步对经济学各学科核心课程教材的内容加以梳理，将习近平新时代中国特色社会主义思想作为基本指导原则，一以贯之地融入这些教材对学理的阐释之中，积极争取并参与中央"马克思主义工程"教材的编写工作，同时结合本校学生的实际情况出版相关教参，帮助学生更好地理解新时代新思想。

（六）完善中国特色的人才评选机制

加快建设世界重要人才中心和创新高地，需要发挥人才评价的指挥棒作用，这也是我们高等教育质量的指挥棒。习近平总书记在中央人才工作会议上强调，要完善人才评价体系，加快建立以创新价值、能力、贡献为导向的人才评价体系，形成并实施有利于科技人才潜心研究和创新的评价体系。在人才培养过程中，我们应进一步聚焦国家战略需求，把握人才成长规律，坚持问题导向和目标牵引，建立创新力、影响力和贡献力"三维"人才评价体系，不断完善具有中国特色的经济学人才评选机制，并体现在学生的学业全过程，确保各类人才评选的独立性和公正性，最大限度地提升学生的自主创新力和创造力。

三、财经类国家一流专业建设彰显中国特色的主要抓手

四川大学经济学院始终坚持将马克思主义政治经济学和习近平新时代中国特色社会主义学思想贯穿在人才培养、科学研究、社会服务的全过程。在人才培养中，我们始终坚守马克思主义阵地，坚持中国特色社会主义政治经济学的传承与发展。下一步，我们将以目前经济学、国际经济与贸易、国民经济管

理、金融学四个国家一流本科专业建设点为契机，努力探索中国特色经济学人才培养方式，构建中国特色经济学人才培养体系，为国家经济建设培养高水平的专业人才，具体从"五个一"进行积极探索。

一是把握一个核心。始终坚持以"为谁培养人、培养什么人、怎样培养人"这个根本问题为核心，将其作为我们人才培养的出发点和落脚点，立足"三个独特"，用中国特色的马克思主义经济学知识体系、理论体系、方法体系教育和培养学生。二是打造一个项目。以项目为牵引，积极筹备、建设中国经济发展案例项目数据库，用现实中国经济发展中的热问题或经典的历史事件及文献强化学生的认知，培养学生理论联系实际的能力。三是举办一系列讲座。在教育部经济学类专业教学指导委员会指导下，邀请全国知名专家开设"中国特色经济学名家讲坛"，拓宽学生视野，强化学术交流。四是构建一个系统。坚持系统观念，积极探索集学科、专业、教材、教学、课程、管理于一体的中国特色本硕博贯通式财经类人才培养模式，完善拔尖人才培养体系。五是完善一个机制。以教育评价改革为牵引，结合经济学学科发展特色，统筹推进育人方式、办学模式、管理体制、保障机制改革，增强教育服务创新发展能力，构建科学的评估督导体系和责任落实机制。

参考文献：

[1] 洪银兴. 中国特色社会主义政治经济学的体系构建及研究重点 [N]. 光明日报，2019－08－20.

[2] 顾海良. 不断发展中国特色的马克思主义政治经济学 [J]. 红旗文稿，2021（7）：4－12.

[3] 刘伟. 推进中国经济学学科建设和教学改革 [J]. 中国高等教育，2021（1）：10－11.

[4] 习近平在中国人民大学考察时强调：坚持党的领导传承红色基因扎根中国大地走出一条建设中国特色世界一流大学新路 [EB/OL]. [2022－04－25]. 网址：中国政府网（www.gov.cn/xinwen/2022－04／25/content_5687105.htm.）

新文科理念下"经济学+"跨学科人才培养模式研究

——基于四川大学经济学国家一流专业建设的思考

姚树荣[①]

摘　要：2020年，教育部发布了《新文科建设宣言》，对新文科建设进行了全面部署。这为我们探索"经济学+"跨学科人才培养模式提供了重要指引，也是我们有效应对经济学人才培养挑战的必然选择。文章首先分析经济学人才培养面临的形势与挑战，然后以新文科理念为指引，有针对性地提出探索"经济学+"跨学科人才培养模式、助力四川大学经济学国家一流专业建设的对策建议。

关键词：新文科；跨学科；"经济学+"；人才培养模式

2019年是我国新文科建设的启动之年，教育部等13个部门联合发布"六卓越一拔尖"计划2.0，要求全面推进新文科建设，增强高校服务经济社会发展的能力。2020年，教育部发布了《新文科建设宣言》，对新文科建设进行了全面部署，指出："新科技和产业革命浪潮奔腾而至，社会问题日益综合化复杂化，应对新变化、解决复杂问题亟须跨学科专业的知识整合，推动融合发展是新文科建设的必然选择。进一步打破学科专业壁垒，推动文科专业之间深度融通、文科与理工农医交叉融合，融入现代信息技术赋能文科教育，实现自我的革故鼎新，新文科建设势在必行。"这为我们探索"经济学+"跨学科人才培养模式提供了重要指引，也是我们有效应对经济学人才培养挑战的必然选择。下面，我们首先分析经济学人才培养面临的形势与挑战，然后以新文科理念为指引，有针对性地提出探索"经济学+"跨学科人才培养模式、助力四川大学经济学国家一流专业建设的对策建议。

[①] 姚树荣，四川大学经济学院教授、博士研究生导师、经济系主任。

一、经济学人才培养面临的形势与挑战

(一) 学生就业竞争加剧

近年来，学生就业竞争进一步加剧，深造意愿强烈，保研与考研成为大多数学生的首要选择。受新冠肺炎疫情与国际不稳定环境的影响，学生出国深造的意愿下降、渠道受阻，大多数学生把保研与考研作为大学毕业的首要目标。为了争取到有限的保研名额，一些学生一方面围绕"课程成绩"而努力，另一方面围绕"加分项目"而努力。为了高分，一些学生选课倾向于选择评分高的教师，逼迫教师不断攀比提高分数，成绩泡沫化趋势越来越严重；为了加分，一些学生忙于参加各种名目的竞赛活动，没有时间沉静下来系统地阅读专业与非专业的经典著作。一些未获得保研资格的学生，则将全部时间精力用于备考，由于考研、毕业论文撰写以及找工作的时间基本重合，学生多数选择挤占毕业论文撰写时间，教师出于同情被迫降低毕业论文质量要求。选择就业的学生，也因宏观经济形势等影响，就业竞争力不足，影响了就业率。如何瞄准"保研、考研、出国、创业、就业"五大目标，有针对性地提高学生毕业竞争力，是迫切需要解决的重要问题。

(二) 专业细分难以适应社会需求

学生就业主要有三种途径：一是进入党政机关与事业单位工作，二是进入高校与科研机构从事科研工作，三是进入各类企业工作。近年来，三种途径对复合型创新人才的需求趋势明显。一是大部制改革驱动复合型人才需求。如新组建的自然资源部，党中央赋予"统一行使全民所有自然资源资产所有者职责、统一行使所有国土空间用途管制和生态保护修复职责"两项职责，自然资源包括土地、矿产、森林、草原、湿地、水、海洋等七大类，国土空间规划囊括土地利用规划、城乡规划、主体功能区规划等三大类，且需要与经济社会发展规划、产业发展规划等相关规划协调衔接。显然，要胜任该部门工作，需要具备跨学科、复合型的专业知识与能力素养。二是块型组织驱动复合型人才需求。如地方党政机关的负责人，要胜任工作岗位，也必须具备跨学科、复合型的专业知识与能力素养。三是岗位轮换驱动复合型人才需求。无论党政机关还是企业组织都越来越重视通过岗位轮换培养高层级领导干部的方式，多部门、多岗位锻炼成为高级职位晋升的必要条件，具备跨学科背景的人才更能适应职业发展的长远需要。简言之，社会对人才的需求主要基于"问题导向"，如胜任政府部门的负责人、城市的市长或企业的 CEO 角色，均需要综合运用经济学、管理学、法学和自然科学等多学科知识，但学校的人才培养主要基于"专业导向"，且专业的细分程度严重，学生的学位论文评审经常遇到专家对"专业、方向"方面的质疑。人才供需更为脱节的是，学生在科研训练中疏于对参与社会调查、学术思想及语言文字表达等方面的训练，但从社会需求来看，大多数工作岗位需要具备这些方面的能力。

（三）新科技与产业革命对人才培养提出新挑战

以互联网、物联网、人工智能、大数据、云计算、新能源、新材料等为代表的新科技与产业革命方兴未艾，以前所未有的深度和广度影响着人类社会的生产生活方式、文化价值观念以及运行机制，同时由新科技驱动的新经济现象与新兴产业不断涌现，这对人才培养至少带来三方面的挑战：一是需要掌握大数据、人工智能等新技术手段，运用于经济社会问题的分析研究；二是需要对新科技驱动的新经济现象与新兴产业进行经济学研究，如平台经济中的企业行为与反垄断研究、数字货币研究等；三是新科技与产业革命对经济学理论的挑战，需要与时俱进地开展经济学理论创新研究。如果我们不能紧密跟踪新科技与产业革命带来的一系列变化，并在人才培养与科学研究方面做出及时变革，我们培养的人才很可能被这个时代淘汰。

二、以新文科理念探索"经济学＋"跨学科人才培养模式的建议

（一）以提高学生就业竞争力为目标推进跨学科人才培养

瞄准学生"保研、考研、出国、创业、就业"五大目标，有针对性地完善课程体系设置与人才培养模式。经过两年的大学学习、摸索与思考，学生到大三时基本能明确自己的毕业目标，此时应适时分流为"深造"（包括保研、考研和出国）和"就业"（包括创业、就业）两种类型，并有差别地进行培养。对于"深造"类学生，主要应强化科研训练。学院应安排专门机构与人员负责对国内外重点高校人才需求偏好分析以及对往届毕业生保研、考研和出国信息、经验的收集整理分析，同时组织优秀学长分享相关经验，给学生提供参考；系上则应在坚持双向选择的前提下，根据专业特长和兴趣为学生精准匹配

学术导师，按照"大创项目—参营论文—毕业实习—毕业论文"的顺序进行连贯式科研训练指导，从而实现学生深造目标与学校培养质量目标兼容的效果。对于"就业"类学生，主要应强化应用训练。学院应完善"创业与就业"课程体系设置，包括应聘、企业经营、创业管理、职业发展等课程，同时开辟企业家/政府领导讲座作为第二课堂，邀请企业家、政府领导等优秀校友开展讲座，增强学院师资的社会实践力量。系上则应尽可能建立更多和更高水平的社会实践基地，聘请校外创业与创新导师，为学生提供社会实践支持。毕业论文也应有所区分，"深造"类学生可偏重学术性研究，"就业"类学生可偏重应用性研究。

（二）以适应复合型创新人才需求为目标推进跨学科人才培养

瞄准社会需求，根据学科特色优势，通过"经济学＋"跨学科交叉融合，推进经济学复合型创新人才培养。经济系在百年发展的过程中，为我国党政机关输送了大批人才，不少成长为国家和省部级的优秀领导干部。在创建国家一流专业的新形势下，应继续传承好这一人才培养优势，把培养杰出的人才作为重要目标。建议建立"国家发展与治理"融合创新实验班：一是巩固和扩大政治经济学的学科优势，坚持马克思主义政治经济学在培养中国特色社会主义建设事业接班人中的指导地位，发挥好政治经济学在价值观、历史观、世界观、方法论等方面的优势；二是推进经济学与公共管理、法学交叉融合，开设公共政策学、法学、法经济学等相关课程，提升学生依法治国的能力素养；三是推进经济学与城乡规划、人文地理、资源与环境科学交叉融合，强化"人口、资源与环境经济学"的专业建设，开设国土空间规划、产业发展规划、国民经济和社会发展规划等相关课程，提升学生运用规划治国理政的能力素养；三是服务学生职业发展，开设市长学、领导能力与艺术、注册规划师等相关课程，提升学生的职业发展能力。

（三）以应对新科技与产业革命为目标推进跨学科人才培养

新科技与产业革命方兴未艾，以互联网、人工智能、大数据、数字技术等驱动的新经济蓬勃发展，已经渗透到我国经济生活的方方面面，在国民经济中所占的比重越来越大，社会对相关人才的需求急剧增加。全国各大高校抢抓机遇，2021年底，中国人民大学、南京大学等多所"双一流"高校获批设立"数字经济"本科专业。四川大学应充分发挥学科门类齐全的综合优势，积极推进"经济学＋新科技"跨学科人才培养，打破经济学与新科技之间的专业壁垒，培养出既掌握扎实经济学理论又具备前沿数字技术能力的复合型创新人才。一方面，在经济学专业下设置数字经济方向，开设数字经济导论、数据库技术及应用、机器学习与数据挖掘等相关课程，鼓励学生选修计算机科学与技术、人工智能、数据科学、网络安全等相关领域的课程；另一方面，积极申报"数字经济"本科专业，并在"产业经济学"硕/博士专业下设置"数字经济"研究方向，鼓励教师围绕数字经济开展教学科研工作，积极引进数字经济研究的专业教师，支持数字经济领域产学研各层面的学界专家、政界领导和行业精英走进学校开设前沿专题讲座，加强数字经济教学科研师资力量，力争在应对新科技与产业革命挑战中走在全国人才培养与科学研究的前列。

参考文献：

[1] 杨靖文. 新文科视野下"法学＋"跨学科人才培养模式研究——以监察法学为例 [J]. 高等教育评论，2021（2）：120－133.

[2] 陈周旺等. 新文科：学术体系、学科体系、话语体系——复旦大学教授谈新文科 [J]. 复旦教育论坛，2021（3）：5－23.

[3] 马超平. 新文科背景下经管类应用型人才培养模式探索与实践 [J]. 产业与科技论坛，2022（7）：234－235.

[4] 吴宝锁，田良臣，刘登珲. 多学科协同的"新文科"卓越人才培养路径 [J]. 高教发展与评估，2022（2）：97－104.

以马克思主义为指导
扎实推进立德树人根本任务*

余 澳[①]

摘 要：高校立身之本在于立德树人。党的十八大以来，习近平总书记高度重视高等教育事业发展，多次强调立德树人这一根本任务。四川大学经济学院经济系以课堂建设、学科发展、队伍培养为抓手，坚定不移以马克思主义为指导，推进立德树人工作，努力培养担当民族复兴大任的时代新人，培养德智体美劳全面发展的社会主义建设者和接班人。

关键词：立德树人；课堂建设；在学科发展；队伍培养

高校立身之本在于立德树人。党的十八大以来，习近平总书记高度重视高等教育事业发展，多次强调立德树人这一根本任务。高校党支部是保证监督党的教育方针贯彻落实，巩固马克思主义在高校意识形态领域的指导地位，加强思想政治引领，筑牢学生理想信念根基，落实立德树人根本任务的重要基层组织。建立在百年经济学科史基础上的四川大学经济学院经济系党支部以课堂建设、学科发展、队伍培养为抓手，坚定不移以马克思主义为指导，推进立德树人工作，使党支部成为团结学生的核心、教育党员的学校、攻坚克难的堡垒。

一、抓课堂建设，为立德树人筑牢主阵地

经济系党支部始终注重教育引导全体教师坚持以习近平新时代中国特色社会主义思想为指导，通过课堂建设筑牢立德树人主阵地。

---

* 本文主要内容发表于《党建》2021年第8期，原标题为《四川大学经济学院经济系党支部：以马克思主义为指导 扎实推进立德树人根本任务》。

① 余澳，四川大学经济学院教授、硕士研究生导师、经济系党支部书记。

完善马克思主义经济学课程体系。坚持开设资本论、政治经济学、中国特色社会主义政治经济学、中国经济史等体现马克思主义经济学及其中国化、时代化发展的专业基础课程，引导学生树立马克思主义理想信念、筑牢马克思主义理论基础，坚持用习近平新时代中国特色社会主义思想武装师生头脑。在党史学习教育过程中，推进"四史"教育进课堂，支部党员教师主动承担起面向全校学生开放的改革开放史课程建设任务。

打造四川大学特色的课程思政。建立本科生班主任制度，定期由支部联系院领导及党员教师为学生进行思想政治教育。在理论经济学学科建设中，制定专业课程与课程思政融合方案。重点探索拔尖创新人才培养中的课程思政模式，从指导思想、基本原则、课程设置、讲授内容、师资配备等方面制定思政进教材、进课堂、进头脑措施。打造思政示范课程，支部党员教师主讲的社会主义市场经济专题、中国特色社会主义政治经济学等入选省级、校级思政示范课程。

创新第二课堂育人方式。充分挖掘和利用校内外红色资源，引导学生树立崇高理想信念，坚决做到听党话、感党恩、跟党走。在建党100周年之际，支部党员带领学生参加"经济学院英烈与先辈名师展"活动，深入学习了解早期四川大学经济学人在革命年代传播马克思主义理论、创立党团组织、甘于牺牲奉献的英烈故事。此外，支部党员还通过带领学生助力脱贫攻坚、参与各类课外学术作品竞赛及微党课拍摄等方式引导学生树立正确的世界观、人生观和价值观，在广泛参与社会实践中收获知识，增长见识，锤炼本领。

二、抓学科发展，为立德树人提供坚强支撑

高校学科建设是影响育人质量的重要因素。经济系党支部坚持"党建带学科建设、学科建设促党建"的发展理念，坚定不移把加强学科建设作为实现高质量育人工作的重要抓手，不断推进马克思主义经济学创新发展。

搭建研究平台，加强教材体系建设。以支部党员骨干教师为核心，成立四川大学中国特色社会主义政治经济学研究中心，作为继承和发扬马克思主义经济学的重要研究平台，带领学生参与学术研究，加深认识马克思主义经济学。注重马克思主义经济学教材体系建设，支部党员作为首席专家参加中央"马克思主义理论研究和建设工程"重点教材《马克思主义政治经济学概论》（第二版）编写，出版《中国特色社会主义政治经济学》《马克思经济学的数理分析》《马克思宏观经济学模型》等特色教材或代表著作，用科学理论武装学生头脑。

立足科研报国，把论文写在祖国大地上。党的十八大以来，支部党员围绕脱贫攻坚、乡村振兴、生态保护等国家重大战略所需带领研究生、本科生参与课题研究，形成一系列代表性研究成果，包括10余项国家社科基金项目，10余份获中央、地方党政部门批示采纳的决策咨询报告，以及在《中国社会科学》《马克思主义研究》《经济研究》等高水平学术期刊公开发表的学术论文等。支部党员教师带领学生参与科研，有效提高了学生运用马克思主义基本原理分析中国现实问题的能力，深化了对中国共产党为什么能、中国特色社会主义为什么好、马克思主义为什么行的认识。

坚持守正创新，推动马克思主义经济学中国化、时代化、大众化发展。党的十八大以来，支部党员带领学生围绕学习研究习近平经济思想、中国特色社会主义政治经济学创新发展等主题承办了10余场有影响力的全国性学术会议，有助于广大师生深刻认识新时代中国特色社会主义经济发展的一系列重大理论和实践问题，科学把握习近平经济思想核心要义和精神实质。

三、抓队伍培养，为立德树人提供关键保障

教师队伍是做好立德树人工作的关键。经济系党支部通过不断加强教师队伍理想信念教育、加强师德师风建设和加强支部政治建设来提高师资队伍素质，为立德树人工作提供关键保障。

强化理想信念。以党史学习教育为契机，通过支部书记上党课、邀请党史专家讲、举行专题组织生活会、集体参观红色教育基地等，砥砺育人初心，坚定理想信念。建立规范的"三会一课"制度，带领党员教师定期认真学习马克思主义经典著作、习近平总书记重要讲话精神和党的各项方针政策。充分发挥支部先进模范党员的示范引领和传帮带作用，加强与海归青年教师的互动交流，加大对青年教师的入党发展力度，统一育人理念，巩固育人阵地。

提升素质能力。党支部遵循教育规律和教师成长发展规律，在调结构、重培养、促成长上下功夫，求实效。支部大力引进马克思主义经济学优秀青年学者，建立青年教师学术导师制，不断加大对青年教师教学科研激励力度等。创新人才培育机制，通过实施"青苗人才""双百人才"等项目着力培育一批学科领军人才、青年学术英才。放手使用优秀青年人才，为青年人才成才铺路搭桥，青年教师已成为学生培养、学科发展、支部建设的主力军。

把好师德师风。党支部把师德师风作为评价教师队伍素质的第一标准，将社会主义核心价值观贯穿师德师风建设全过程，严格制度规定，强化日常教育

督导，激励广大教师努力成为"四有"好老师。通过主题党日、专题组织生活会等定期开展师德师风教育。将师德考核摆在教师考核的首要位置，及时将考核发现的问题向教师反馈，并采取针对性举措帮助教师提高认识、加强整改。强化考核结果运用，师德考核不合格者年度考核评定为不合格，并取消在教师职称评聘、推优评先、表彰奖励、科研和人才项目申请等方面的资格。

高校"三全育人"需要构建五个协同机制*

朱 莉[①]

摘 要：2017年12月印发的《高校思想政治工作质量提升工程实施纲要》提出了构建"全员全过程全方位"一体化育人格局的要求，明确了"十大育人体系"，落实在具体的实践中，需要进一步理清其中的关联逻辑，构建不同主体间互助联动、协调落实机制，确保责任落实。具体来说，需要统筹协调各方资源，共同构建理念、平台、队伍、方向、制度"五位一体"协同育人机制。

关键词："三全育人"；协同机制；"五位一体"

加强党的领导和党的建设，加强思想政治工作体系建设，是高水平人才培养体系的重要内容。习近平总书记在2016年全国高校思想政治工作会议上强调，要坚持把立德树人作为中心环节，把思想政治工作贯穿教育教学全过程，实现全程育人、全方位育人，努力开创我国高等教育事业发展新局面。这是新时代加强高校思想政治工作的基本遵循，也是深化高等教育改革、提升高校人才培养质量的重要途径。2017年12月印发的《高校思想政治工作质量提升工程实施纲要》提出了构建"全员全过程全方位"一体化育人格局的要求，明确了"十大育人体系"，落实在具体的实践中，需要进一步厘清其中的关联逻辑，构建不同主体间互助联动、协调落实机制，确保责任落实。具体来说，需要统筹协调各方资源，共同构建理念、平台、队伍、方向、制度"五位一体"协同育人机制。

一、构建理念协同机制

构建理念协同机制，促进思想政治教育要素在不同主体间流动、共享与融

---

* 本文主要内容已发表于光明网－党建频道，https://share.gmw.cn/dangjian/2022－02/11/content_35511673.htm。

① 朱莉，四川大学马克思主义学院讲师。

合。"十大育人体系"包含的育人主体非常全面，涵盖了学校几乎所有的岗位以及校外相关机构，真正实现了全员育人。但不同的育人主体间的育人理念可能会存在诸多差异，出发点和工作重心也不相同。因此，需要牢固树立协同育人理念，在思想上和认识上高度统一，要以习近平新时代中国特色社会主义思想为总览，站在全局的高度形成全方位协同育人的格局，构建理念协同机制，通过团体工作坊、先修课程、交叉学科学术研讨、教师开放日、学生课外学术社团活动、导师制等多种方式，增强不同主体之间的认同度，促进思想政治教育要素在不同主体间流动、共享与融合，使相互协同、相互统一的思想政治教育元素贯穿到教育教学全过程和各环节。

二、构建平台协同机制

构建平台协同机制，强化课程、专业、学科"三位一体"思政教学体系。对内构建统一的学科、课程、实践及服务共享平台，依托平台整合不同学科、专业以及课程资源，强化理论研究，将课内的知识教育、技能传授与课外实践的知识内化、技能强化、价值引领等功能深度融合，促进不同课程与思政课程之间内容的相互渗透，实现思政课程显性教育与课程思政隐性教育的有机结合，将学科、专业以及思想政治教育融为一体，不断升华思想政治教育课的内容体系和学科水平，增强思想政治教育的协同效应，实现思想和价值的引领。对外以学校为主体，积极整合和拓展社会育人资源，搭建家庭、学校、社会、政府的对话平台，深入挖掘各类自然资源、文化资源、红色资源、科技资源中的育人元素，形成社会育人资源的谱系图。

三、构建团队协同机制

构建团队协同机制，多点发力，打造育人合力。积极探索现代化的团队管理方式，进一步明确和发挥各育人主体在思想政治教育工作中的角色和作用，按照相应的职能全力打造高水平的优秀团队，努力构建"知识传授、能力培养、素质提升、人格塑造""四位一体"的人才培养体系，共同促进协同育人。坚持团队集体备课制度，切实推进专题教学、案例教学、实践教学和多媒体教学的深度融合，强化教师队伍的协同效应。打造高水平的网络在线课程、专业示范课程，线上线下相结合使思想政治教育和专业教育"活"起来。以科研项目为引领，集中优势力量，打造强有力的科研团队，以团队的力量引领思想政治教育和专业课程教育向纵深发展。充分发挥党组织在各项教育事业中的全面领导作用，尤其注重发挥党员在师风师德、大学生思想政治教育方面的先锋模范带头作用以及党支部的战斗堡垒作用，共同创建学习型、服务型、创新型党支部，全面提升基层党建和育人成效。

四、构建方向协同机制

构建方向协同机制，共同促进习近平新时代中国特色社会主义思想的深入推进。以习近平新时代中国特色社会主义思想和社会主义核心价值观为统领，不断提升各育人主体的理论素养，发挥所有课堂的育人功能，让所有教师、全部课程联动起来，将工作的出发点和着力点统一到构建"主渠道""主阵地"协同育人这一目标上来。充分发挥"第二课堂""第三课堂"以及"网络课堂"的育人功能，进一步增强教师与学生之间的沟通与联系，实现现实课堂与虚拟课堂，课内学习与校外学习有机结合，强化对学生的正确引导。以传承弘扬红色精神为抓手，充分挖掘校内红色文化资源，把握主流舆论导向，通过大学生网络文化节、"青年之声"等大学生喜闻乐见的"微方式"开展网络思政工作，发挥全媒体育人功能，持续唱响网络思想政治教育主旋律，创新推进网络育人。

五、构建制度协同机制

构建制度协同机制，以考核评价指标体系推动制度协同育人。加强顶层设计，建立健全运行畅通、保障有力、协同有效的完整制度体系，包括"三全育人"领导小组工作制度、实施制度、协同制度、督察制度等。在制度设计上，将"三全育人"的履责情况纳入单位及个人的年终考核内容，作为教师准入、晋升、考核的评判标准之一。进一步明确各育人主体之间的职能，制定责任清单，建立教研一体、学研相济、科教协同机制和科研育人激励机制，实现思想政治教育与知识体系教育的有机统一。建立师德档案和投诉举报平台，实施师德师风考核"一票否决"等措施，切实把政治考察和师德师风建设贯穿职业生涯全过程。同时，建立相应的动力机制、保障机制、监督机制和反馈调节机制，确保制度的有效运行。

"三全育人"视角下高校教师在课程思政建设中的角色思考

李晓波[①]

摘 要：高校教师是人才培养的主力军，是实施课程思政的责任人，是贯彻立德树人育人目标的塑造师，是构建"三全育人"格局的执行者。必须充分发挥高校主阵地的作用，明确高校教师的角色定位，积极推进课程思政建设，强化思政教育与专业教育融合，有效构建"三全育人"格局。

关键词：高校教师；课程思政；"三全育人"

高校，是培养社会主义人才的主阵地；高校教师，又是人才培养的主力军；高校大学生，更是社会主义建设者队伍的主要组成部分。大学阶段，是大学生价值观、人生观、世界观形成的关键时期。经过这一阶段的熏陶，大学生可成为各行各业的参与者。他们在专业技术水平、思想道德修养、社会适应能力等综合因素影响下形成的最终价值取向、人生目标，对我国社会主义建设成就的取得、伟大中国梦的顺利实现，具有极其深远的影响。因此，如何培养既具有扎实的专业知识水平又具有高尚的道德情操的优秀人才，是高校课程建设面临的一项重大改革任务。

长期以来，我国专业培养和思政教育缺乏有机结合的问题没有得到切实解决。2014年之后，上海市相关高校就如何解决大学生思想政治教育的"孤岛"困境，尤其是解决思想政治理论课与其他课程之间存在的"两张皮"现象进行了积极的探索，并取得了重要的成效。[②] 此后，课程思政建设问题在教育界开始了全面的探讨和实践。对于课程思政的认识，教育界的观点较多，综合起

[①] 李晓波，四川大学经济学院副教授。
[②] 杨涵：《从"思政课程"到"课程思政"——论上海高校思想政治理论课改革的切入点》，《扬州大学学报：高教研究版》，2018年第2期。

来,"课程思政"的含义可以初步理解为"依托或借助思想政治理论课、专业课、通识课等课程而开展的思想政治教育实践活动"。

开展课程思政建设,切实处理好大学生思想理论课程与专业知识课程的有机融合问题,需要解决的关键问题是:新发展阶段高校育才育人的目标是什么?新时期高校教师如何顺应时代潮流而正确定位自身的职能?2016年12月7日至8日,全国高校思想政治工作会议在北京召开。习近平总书记出席会议并发表重要讲话,他强调:"高校思想政治工作关系高校培养什么样的人、如何培养人以及为谁培养人这个根本问题。要坚持把立德树人作为中心环节,把思想政治工作贯穿教育教学全过程,实现全程育人、全方位育人,努力开创我国高等教育事业发展新局面。"习近平总书记的讲话为课程思政建设的方向提出了明确的思路与要求。这个思路和要求在2020年5月教育部印发的《高等学校课程思政建设指导纲要》(以下简称《纲要》)中进一步得到了体现。《纲要》强调,要把思想政治教育贯穿人才培养体系,全面推进高校课程思政建设,发挥好每门课程的育人作用,提高高校人才培养质量。课程思政是高校落实立德树人根本任务的关键和核心环节,教育教学工作必须做到育人与育才相统一,思政教育与专业教育相统一,知识传授和思想提升相统一。总结起来,可以概括为:充分发挥高校主阵地的作用,明确高校教师的角色定位,积极推进课程思政建设,强化思政教育与专业教育融合,有效构建"三全育人"格局。

一、高校教师是实施课程思政的责任人

教师是一个神圣而光荣的职业,承担着育才育人的重要使命。唐代韩愈说:"师者,所以传道受业解惑也。"其基本含义就是"教师,是用来传授道理、讲授学业、解答疑难问题的"。这句话不仅仅对教师的职能进行了清楚的阐释,也对教师承担的职责进行了准确的定位:教师要教会学生做人的道理,要教授学生做事的能力,要解答学生遇到的疑惑。高等学校人才培养是育人和育才相统一的过程,高校教师更是承担这一使命的关键角色。

高校教职工基本上可以区分为三大类别:教学人员、管理人员、后勤人员。其中,教学人员主要指的是从事课程知识讲授的教师。在课程思政建设中,"专业课教师是实施'课程思政'的主体,是课堂教学的第一责任人。他们的思政意识、思政素养和思政能力对于'课程思政'教学改革的成功至关重要"。

对于专业课与思政课二者之间的关系，部分教师的认识还存在一定的误区，他们认为：思政课是思想政治课程的内容，侧重的是学生思想素质的提高、心理素质的健全、法律法规的认知；专业课强调的是专业知识的掌握、专项技能的提升、实际工作的能力。这就造成了专业知识与思政元素难以有机融合。

教育本身就是一种蕴含教育者主观志趣的活动，教育者自身的价值选择和价值取向对学生影响深远。高校育人，一方面要求我们从事专业课程教学的教师不断提升自身专业课程的教学水平，为学生打下扎实的专业基础知识，培养他们熟练的专业技能水平，激发他们的创新创业能力，为社会主义建设培育合格的人才；另一方面，在注重夯实学生的专业课程知识的同时，充分发挥思想政治教育的作用，培养具有健全人格、全球视野、社会责任感、民族自尊心的"社会人"，引导学生实现知识、智慧和人格的统一。通过课程思政的建设，高校教师充分利用专业课程课堂教学主阵地，创新教学方式，对学生进行思想政治教育、发挥价值引领的作用功能就变得越来越重要。

二、高校教师是贯彻立德树人育人目标的塑造师

人的思想活动是其行为的决定性因素。强调专业课程的重要地位，认识是正确的，但是，片面强调专业知识的灌输而忽略思想品德的培育，我们培养出来的人就可能会因为缺乏信仰而在关键的时刻丧失立场，危害国家和民族的利益。大学阶段是大学生价值观、人生观、世界观形成的关键时期，大学生具有极强的可塑性。课程思政建设对高校教师的角色定位提出了更高的要求。"教师不能满足于做一名传授书本知识的教书匠，而要成为塑造学生品格、品行、品位的'大先生'。"这就要求教师深入挖掘各类课程和教学中蕴含的思政元素，将思政元素融入专业课程教学，课堂上不仅传授专业知识和技能，还要教会学生如何做人。

伴随互联网成长起来的新一代大学生，面对社会转型与多元文化的冲击，他们眼界开阔，勇于探索，但世界各种思潮的涌入，对当代大学生产生了复杂的影响，容易导致他们认知的缺失甚至偏差。所谓课程思政，即将思想政治教育元素，包括思想政治教育的理论知识、价值理念以及精神追求等融入各门课程中去，潜移默化地对学生的思想意识、行为举止产生影响。大学是青年学生成长的摇篮，高校教师要把握学生成长的特点，在不同阶段进行有针对性的教育和知识体系构建，要注重价值观的引领和塑造，将社会主义核心价值观贯穿

始终，锻炼大学生的道德品质，促进大学生成长成才。2014年9月，习近平总书记在同北京师范大学师生代表座谈时的讲话中提出："一个优秀的老师，应该是'经师'和'人师'的统一，既要精于'授业''解惑'，更要以'传道'为责任和使命。"这里，习近平总书记特别强调了教师"传道"的责任和使命的问题。高校教师要根据自身工作经验和专业课程的主要教学特点，及时转变教学理念，采取多样化教学方式和教学内容，并以专业知识传播的客观情况为基础，培养学生正确的世界观、人生观和价值观，把他们塑造成为"立场坚定、专业扎实、人格健全、品德高尚"的中国特色社会主义事业合格建设者和可靠接班人。

三、高校教师是构建"三全育人"格局的执行者

信息时代，信息传播方式更加开放，更加多元。思想文化的交流，已经不再局限于一城、一地、一域、一国，而是世界范围内各种思潮的大交流、大碰撞、大交融。特别是随着人工智能的飞跃式发展，人们的思想意识出现了复杂性、多样性、多变性等特点。学生知识建构的自主性显著增强，在他们学习专业知识期间、在他们从事工作期间、在他们面临不同文化思潮冲击期间，大学阶段形成的"三观"体系将直接影响我们培养的人才的价值取向和立场选择。

面对纷繁复杂的社会形势，科学的育才育人体系如何构建？习近平总书记在全国高校思想政治工作会议上强调："高校思想政治工作关系高校培养什么样的人、如何培养人以及为谁培养人这个根本问题。要坚持把立德树人作为中心环节，把思想政治工作贯穿教育教学全过程，实现全程育人、全方位育人，努力开创我国高等教育事业发展新局面。"习近平同志的讲话，为高校育人育才指明了方向：以课程思政为抓手，着力构建"三全育人"格局，努力开创我国高等教育事业发展新局面。

（一）全员育人

教育是传承文化、传播文明和延续人类社会发展的重要手段。全员育人，就是在人才培养的过程中，要努力建造学校、家庭、政府、社会各界共同参与的协同联动体系。在高校，一位大学生完成专业学业，需要修读几十门课程，接受几十位老师的教导。专业课教师是大学生接触最多的第一群体，每一位教师面对的是处于不同发展阶段、有不同知识和思想表现的学生。这就要求各类

任课教师同心付出，形成育人共同体；大学生走上工作岗位后，则需要单位同志的督促、指导。全面推进课程思政建设，就是要寓价值观引导于知识传授和能力培养之中，塑造学生优良人格，涵养家国情怀，帮助学生确立正确的世界观、人生观、价值观。

（二）全过程育人

学生从进入学校开始直至走向社会的每一个时段，教师能够参与的每一个节点，都是育人理念实施的重要选择。"全过程"育人是指学生从入学到毕业、从学习到闲暇、从课前到课后，都要融入立德树人的要求，建立长时段、可持续、贯穿式的育人链条。互联网时代，通讯便捷，一些学生与教师之间保持长期甚至密切的交流往来已成为一种常态化现象。从教师的视角看，学生在校期间，会请教专业问题，寻求心理疏导，倾诉思想困惑，与老师交流频繁；踏入社会，在人生历程的不同阶段，仍然可能与老师产生交集。这依然是全过程育人链条上重要的一环，教师依然要秉承育人初心，坚守"全过程育人"的理念，积极为学生出谋划策，引导他们做出正确的抉择。

（三）全方位育人

全方位育人指的是在人才培养过程中，教师不仅仅局限于专业知识的传授，更需要对学生的个人生活、社会认知、心理需求、价值取向等人生哲理特别是"三观"进行正确引导。就是要实现思想政治课、专业理论课、创新创业课、社会实践课、文化素养课等各个环节的协同推进。只有通过全方位协同发力，才能有序推进课程思政建设工作，从而达到改变、塑造学生认知行为的目的，引导学生进行正确的判断与选择，进而实现自我发展、自我完善与自我超越。

坚持社会主义办学方向是推动我国高等教育内涵式发展的根本要求。高校的根本任务在于立德树人，推行"课程思政"建设是增强高等学校深入推进以习近平新时代中国特色社会主义思想铸魂育人和着力彰显高校中国特色之路的必然要求和重要途径。高校教师要与时俱进，积极探索新时代的教育教学方法，正确定位自身的职责，提升课程思政的认知水平，通过构建全员育人、全过程育人、全方位育人的"三全育人"格局，以实现专业知识传授与思想价值引领的有机融合，为社会主义事业的繁荣培养德智体美劳全面发展的社会主义建设者和接班人。

参考文献：

[1] 赵继伟. "课程思政"：涵义、理念、问题与对策 [J]. 湖北经济学院学报, 2019 (2)：114－119.

[2] 习近平. 把思想政治工作贯穿教育教学全过程 开创我国高等教育事业发展新局面 [N]. 人民日报, 2016－12－09.

[3] 成桂英. 推动"课程思政"教学改革的三个着力点 [J]. 思想理论教育导刊, 2018 (9)：67－70.

[4] 齐砚奎. 全课程育人背景下高校课程思政建设的理论思考 [J]. 黑龙江高教研究, 2020 (1)：124－127.

[5] 王尧. 从课程思政走向大课程思政 [J]. 阅江学刊, 2022 (3)：92－98＋174.

[6] 王学俭, 石岩. 新时代课程思政的内涵、特点、难点及应对策略 [J]. 新疆师范大学学报, 2020 (2)：33－42.

[7] 习近平. 做党和人民满意的好老师——同北京师范大学师生代表座谈时的讲话 [N]. 人民日报, 2014－09－10.

[8] 梁伟, 马俊, 梅旭成. 高校"三全育人"理念的内涵与实践 [J]. 学校党建与思想教育, 2020 (2)：36－38.

[9] 郑宏, 汪婉霞. 从思政课程到课程思政：回归与创新 [J]. 内蒙古师范大学学报（教育科学版）, 2022 (3)：34－40.

经济学教学要始终坚持中国特色社会主义育人方向

徐海鑫[①]

摘　要：培养什么人、为谁培养人、怎样培养人是教育的首要问题。经济学教学坚持中国特色社会主义育人方向。从事教育和改造人思想的活动必须以马克思主义基本理论为指导，特别是以马克思关于人的学说为前提，这样才能有利于科学认识和把握人的思想形成的物质原因和社会根源，以及思想运动、变化的特点等。中国特色社会主义筑牢了经济学教学的理论基础，搭建了经济学教学的实践路径，引领了经济学教学的发展方向。

关键词：经济学教学；中国特色社会主义；育人方向

培养什么人、为谁培养人、怎样培养人是教育的首要问题。习近平总书记指出，思想政治工作是学校各项工作的生命线[②]。高校人才培养工作要始终围绕立德树人这个根本任务。马克思主义认为，人的本质是"一切社会关系的总和。"[③] 人是在生活于其中的社会关系与各种实践活动影响下形成自己的思想认识的。由此可见，准确认识社会运行现象，科学把握经济发展规律，对于人的思想形成有着重要影响。

经济学是研究人类社会在各个发展阶段的各种经济活动和各种相应的经济关系及其运行、发展的规律的学科。中国特色社会主义政治经济学根源于马克思主义政治经济学理论，立足于中国改革发展的成功实践，是研究和揭示现代社会主义经济发展和运行规律的科学。我国高等学校经济学教学要高度重视课程思政建设，始终坚持中国特色社会主义育人方向，这对培养担当中华民

---

① 徐海鑫，四川大学经济学院教授。
② 习近平：《论党的宣传思想工作》，中央文献出版社，2020 年版，第 345 页。
③ 《马克思恩格斯选集（第一卷）》，人民出版社，1972 年，第 18 页。

族伟大复兴的时代新人具有重要意义。

一、经济学教学坚持中国特色社会主义育人方向的逻辑理路

做好人的思想工作，前提条件就是要从对人的思想形成过程、原因和机理方面着手研究。经济学的学科属性决定了其教学过程本身就是重要的思想政治教育过程。马克思主义的形成是从对人的科学理解开始的，人的解放和自由全面发展是全部马克思主义学说的主题，也是马克思主义追求的最高的价值目标。从马克思主义哲学中我们知道，意识是客观世界的主观映象，意识是对客观存在近似的、能动的反映，任何意识都是客观存在在人脑中的反映，都能从客观存在找到原型。思想是客观存在反映在人的意识中经过思维活动而产生的结果或形成的观点及观念体系，是人对社会的认识论并指导人改变世界的价值观和方法论。由此可见，从事教育和改造人思想的活动必须把以马克思主义基本理论为指导，特别是马克思关于人的学说作为前提，这样才能有利于科学认识和把握人的思想形成的物质原因和社会根源，以及思想运动、变化的特点等。

马克思主义政治经济学的教学是以人的学说作为逻辑起点。从理论的实质看，马克思主义揭示了人类社会发展的基本规律，是被普遍认可和被现实证明了的真理，而且这一理论是以人的解放和自由全面发展为基础的，它的基本原理具有强大生命力，对人的思想和行动具有天然的、本质的指导意义。从现实的目标看，我国高校的育人目标是培养社会主义建设者和接班人，其思想和行为的客体对象是坚持和发展中国特色社会主义事业，是一个以马克思主义为指导思想的社会改革与发展的事业，在这一社会体系下我国高校经济学教学工作也需要和这一社会制度的指导思想保持高度一致。

马克思主义政治经济学的核心和本质就是研究人，研究人与人之间的关系，研究人的自由全面发展。马克思经济学的起点是人，最终目标和目的也是人和人的发展，这鲜明体现了马克思经济学的性质和特征。对"人"的认识，马克思主义是从"现实的人"的角度出发进行分析的，马克思主义"现实的人"解决了唯物理论的前提和出发点问题，直接决定了思想政治教育理念的人本化、教育目标的具体化、教育方式的隐形化。思政教育理念的人本化就是要以"现实的人"的全面自由发展为基本的价值取向和教育目的，坚持以人为本的教育理念，努力为青年学生的发展提供广阔的空间和施展才华的舞台，不仅

要将个体的需要、个体的表现、个体的自由看成是教育的全部内容，而且要从社会的发展对个体的影响，从更加长远目标和整个社会全局需求的角度给予成长的帮助，从而促进人的自由全面发展。经济学课程思政教育目标的具体化就是要求以人为本，适合人的身心发展规律。从宏观目标看，需要培养有一定民主意识、文化素养、道德修养、知识技能，为中国特色社会主义建设事业贡献力量的有用之才。从微观目标看，就是要教育引导培养出有意识、有能力自觉主动地为中国特色社会主义事业服务的人。经济学课程思政教育方式的隐形化就是要以"现实的人"为基点，将人的生存、发展需要作为开展课程思政的切入点，将建设中国特色社会主义的实践过程对人的要求与教育引导青年学生将个体的自由全面发展的需要潜移默化地有机融合，随着中国特色社会主义事业的发展，不断提高经济学课程思政的针对性和实效性，研究新情况、拓展新思路、寻求新方法、探索新途径。

思想政治教育是对其成员施加有目的、有计划、有组织的影响，使他们形成符合一定社会所要求的思想品德的社会实践活动[1]。这一思想是以马克思主义为指导的思想，这一社会实践活动就是坚持和发展中国特色社会主义。经济学教学的育人方向要同我国发展的现实目标和未来方向紧密联系在一起，就是要做到"为人民服务，为中国共产党治国理政服务，为巩固和发展中国特色社会主义制度服务，为改革开放和社会主义现代化建设服务"[2]。从这个意义上来看，经济学教学，特别是经济学课程思政工作，不仅是高等教育的重要组成部分，而且直接影响着高等教育的育人成效和工作方向。

二、经济学教学坚持中国特色社会主义育人方向的理论基础、实践路径和发展方向

人的思想不是无根之木、无源之水，而是对现实世界的认识和反映。经济学教学要教育引导学生正确认识中国和世界发展大势，从我们党探索中国特色社会主义历史发展和伟大实践中，认识和把握人类社会发展的历史必然性，认识和把握中国特色社会主义的历史必然性，进而开展经济社会活动的理论研究和实践探索。

中国特色社会主义筑牢了经济学教学的理论基础。经济学课程思政是一项

---

[1] 刘基：《高校思想政治教育论》，高等教育出版社，2016年版，第1页。
[2] 习近平：《论党的宣传思想工作》，中央文献出版社，2020年版，第276页。

系统工程，必须始终以马克思主义为指导，不断探索和形成具有中国特色的经济学教学思政理论体系。经济学课程思政需要有科学的理论做指导，这一理论的形成既要认真坚持我们党在长期社会主义建设实践中积累起来的宝贵经验和被实践证明是正确的、行之有效的重要原则，又要解放思想，实事求是，与时俱进，根据新时代中国特色社会主义发展的要求，不断在观念、内容、方法和体制机制等方面改进创新，不断总结经验，这一过程有机地统一在中国特色社会主义政治经济学理论的形成过程和实践发展过程中。中国特色社会主义是科学社会主义理论逻辑和中国社会发展实践逻辑的辩证统一。中国特色社会主义不断发展的过程，也是高校思想政治工作不断发展的过程，中国特色社会主义自身就是高校思想政治教育开展工作的重要理论依据，中国特色社会主义政治经济学理论作为基础理论和核心理论也直接影响了高校在开展思想政治工作过程中构建中国特色的思想政治工作的理论体系。

中国特色社会主义搭建了经济学教学的实践路径。做好经济学课程思政工作，要因事而化，因时而进，因势而新，要遵循思想政治工作规律，遵循教书育人规律，遵循学生成长规律。高校思想政治工作既需要思想教育，也需要实践教育，在现实经济社会生活中的教育更能反作用于思想上形成更加深刻的认识，取得更好的教育效果。中国特色社会主义实践的每一步发展，都是我们党领导人民向着共产主义伟大目标现实的迈进，在这一过程中的经济学理论探索、社会发展实践的成果，形成了大量思想政治教育的生动案例、典型人物和实践经验。中国特色社会主义在当前的历史阶段和条件下，最充分地解放和发展了生产力，最大限度地满足了人的自由和全面的发展，是我国处于社会主义初级阶段反复被实践所证明了的最科学合理的社会制度，这一社会制度的最终目标就是不断促进人的全面发展，实现全体人民共同富裕，这一集体目标同人的个体目标是高度统一的。一方面，中国特色社会主义理论能够直接作用于人的思想，通过理论上的清醒实现政治上的坚定，进而达到高校思想政治教育的工作目标；另一方面，中国特色社会主义实践是人的活动的过程，是通过人的活动不断形成思想、创造思想的过程，这一过程与高校思想政治工作的过程融为一体，激励学生自觉把个人的理想追求融入国家和民族的事业中，永做走在时代前列的奋进者、开拓者。这两方面都有机地统一在了中国特色社会主义政治经济学教学过程中。

中国特色社会主义引领了经济学教学的发展方向。思想来源于实践，又用来指导实践，思想的变化和发展的方向就是去指导实践，实现新的目标。中国特色社会主义不是静止的、一成不变的，而是一个不断变化和发展的过程，其主要矛盾也随着社会发展阶段的变化相应发生变化。高校肩负着培育社会主义事业建设者和接班人的重任，既是解决当前社会主要矛盾的需要，也实现未来发展目标的需要，这一矛盾的解决和目标的实现就是广大青年学生实现个人价值、追求人生理想最好的方式，这就决定了中国特色社会主义道路直接影响着经济学教学的发展方向。最理想的思想教育结果是人的自发行为和自觉行动，并在此过程中形成的新的认识和思想。中国特色社会主义共同理想不是空洞的说教，而是与党领导国家正在进行的中华民族伟大复兴的伟大发展实践紧密地联系在一起的。通过经济学课程思政工作引导学生坚定理想信念，正确认识时代责任和历史使命，用中国梦激扬青春梦，为学生点亮理想的灯，照亮前行的路，激励学生自觉把个人的理想追求融入国家和民族的事业中，勇做走在时代前列的奋进者、开拓者；正确认识远大抱负和脚踏实地，让远大抱负落实到中国特色社会主义的伟大实践中，通过我国高等教育培养出的一代又一代社会主义事业建设者和接班人，在中国特色社会主义的伟大实践中不断完善和发展着中国特色社会主义。

参考文献：

[1] 习近平. 论党的宣传思想工作 [M]. 北京：中央文献出版社，2020.

[2] 中共中央党校马克思主义理论教研部. 马克思主义关于人的学说 [M]. 北京：人民出版社，2011.

[3] 张同善. 马克思主义关于人的学说与教育 [M]. 北京：教育科学出版社，1991.

[4] 刘基. 高校思想政治教育论 [M]. 北京：高等教育出版社，2016.

在经济学课程思政建设中加强习近平经济思想教学的思考

卢 洋[①]

摘 要：习近平经济思想是新时代做好经济工作的根本遵循和行动指南。近年来，在经济学课程思政建设中，习近平经济思想教学的主动性、积极性持续增强，但教学的系统性、专业性有待提升。加强习近平经济思想教学，需在遵循课程思政建设规律、构建中国特色经济学学科体系、强化问题导向中，丰富有关习近平经济思想的教学内容，优化有关习近平经济思想的教学形式，创新有关习近平经济思想的教学方法。

关键词：习近平经济思想；经济学课程思政；教学

在经济学课程思政建设中，充分发挥育人功能，一体化推进价值塑造、知识传授与能力培养，离不开科学的理论和思想。习近平经济思想是习近平新时代中国特色社会主义思想的重要组成部分，是新时代做好经济工作的根本遵循和行动指南[②]。加强习近平经济思想教学，既是经济学课程思政建设的应有之义，又是提升课程育人质量的重要途径。

一、在经济学课程思政建设中加强习近平经济思想教学的现实必然

（一）传播马克思主义科学理论的必然选择

经济学课程作为经济类专业的核心基础课程，在传播经济理论、讲授经济

[①] 卢洋，四川大学经济学院助理研究员。
[②] 中共中央宣传部、国家发展改革委：《习近平经济思想学习纲要》，人民出版社、学习出版社，2022年版，第1页。

学说等方面发挥着关键作用。对于教育教学中的思想政治工作，习近平总书记指出，"要坚持不懈传播马克思主义科学理论，抓好马克思主义理论教育，为学生一生成长奠定科学的思想基础"①。故在经济学教学中，需注重马克思主义经济理论的教学。而理论是不断发展的。习近平经济思想是运用马克思主义政治经济学基本原理指导新时代经济发展实践形成的重大理论成果，为丰富发展马克思主义政治经济学作出了重要原创性贡献②。因此，经济学课程思政建设，需与时俱进拓展教学内容，将习近平经济思想这一重大理论成果融入课程教学，在教学过程中充分体现和运用马克思主义经济理论的最新成果。

（二）提高经济学课程思政建设质量的内在要求

经济学课程思政建设质量的提升，与教学中经济学理论和思想的深度融入息息相关。教育部印发的《高校思想政治工作质量提升工程实施纲要》提出："深入推动习近平新时代中国特色社会主义思想进教材、进课堂、进头脑。"③ 2020年印发的《高等学校课程思政建设指导纲要》中再次强调："推进习近平新时代中国特色社会主义思想进教材进课堂进头脑。"④ 故在经济学课程设置和教学安排中，尤其是在课堂教学主渠道中，只有加强习近平经济思想教学，推动习近平经济思想进教材、进课堂、进头脑，才能有效提升经济学课程思政建设质量。

（三）培养中国特色社会主义经济建设者和接班人的有益探索

在经济学课程思政建设中，落实立德树人任务，不仅需要重视理论，而且需要强化理论联系实际，加深学生对国情、世情的认识。习近平经济思想是以习近平同志为核心的党中央治国理政实践创新和理论创新在经济领域的集中体现，是立足国情、放眼世界、引领未来的科学理论⑤。加强习近平经济思想教

---

① 《习近平在全国高校思想政治工作会议上强调：把思想政治工作贯穿教育教学全过程 开创我国高等教育事业发展新局面》，《人民日报》，2016年12月9日，第1版。
② 中共中央宣传部、国家发展改革委：《习近平经济思想学习纲要》，人民出版社、学习出版社，2022年版，第6页。
③ 中华人民共和国教育部：《中共教育部党组关于印发〈高校思想政治工作质量提升工程实施纲要〉的通知》，2017年12月4日。
④ 中华人民共和国教育部：《教育部关于印发〈高等学校课程思政建设指导纲要〉的通知》，2020年5月28日。
⑤ 中共中央宣传部、国家发展改革委：《习近平经济思想学习纲要》，人民出版社、学习出版社，2022年版，第3页。

学，推进课程育人，有利于帮助学生了解国家经济发展战略和经济建设实践，引导学生关注高质量发展、供给侧结构性改革、现代化经济体系建设等现实问题，提高学生观察经济现象和分析经济问题的能力，培养学生经世济民的职业素养，奠定进入相关行业实践的扎实基础。

二、在经济学课程思政建设中开展习近平经济思想教学的现实状况

（一）教学的主动性积极性持续增强

近年来，伴随高校思想政治工作和课程思政建设支持力度的加大，教师探索经济学课程思政建设内容和方法的主动性不断提高，在经济学课程思政建设中开展习近平经济思想教学的积极性不断增强，不少经济学课程中都讲授了与习近平经济思想相关的内容，形成了较为浓厚的教学氛围。

（二）教学的系统性专业性有待提升

在中国大学MOOC（慕课）平台搜索发现，除毛泽东思想和中国特色社会主义理论体系概论这门思政课集中讲授习近平新时代中国特色社会主义思想外，其他关于习近平新时代中国特色社会主义思想尤其是习近平经济思想的专业课程较少，公开课程中仅有三门相关课程（详见表2-1）。

表2-1 中国大学MOOC（慕课）平台中有关习近平新时代中国特色社会主义思想的课程

课程名称	开课学校	讲授内容
习近平新时代中国特色社会主义思想概论	复旦大学	中国特色社会主义进入新时代、"四个全面"战略布局、五大发展理念等
习近平新时代中国特色社会主义思想概论	扬州市职业大学	新发展理念、"五位一体"总体布局、"四个全面"战略布局等
新时代中国特色社会主义理论与实践	暨南大学	习近平新时代中国特色社会主义思想的体系结构、新时代中国特色社会主义经济建设等

资料来源：根据中国大学MOOC平台搜索结果整理而得。

三、在经济学课程思政建设中加强习近平经济思想教学的着力方向

（一）在遵循课程思政建设规律中加强习近平经济思想教学

在经济学课程思政建设中，将习近平经济思想有机融入经济学基础课和专业课教学中，需把握和遵循一定的规律。对于思想政治工作的开展，习近平总书记指出，"要遵循思想政治工作规律，遵循教书育人规律，遵循学生成长规律"①。这三大规律，是经济学课程思政建设中需遵循的。首先是遵循思想政治工作规律。经济学课程思政建设属于高校思想政治工作的一部分，思政工作的政治性与教育工作的知识性均是加强习近平经济思想教学中需把握的。其次是遵循教书育人规律。教师是教书育人工作的主导者，在经济学课程思政建设中，需调动和激发教师开展习近平经济思想教学的积极性和能动性，提升经济学课程思政工作水平。再次是遵循学生成长规律。高校学生的学习阶段涵盖了大学阶段和研究生阶段，不同阶段的学生认知水平存在差异。在开展习近平经济思想教学时，需根据不同阶段学生的认知水平、知识储备和培养计划，确定合理的教学大纲和教学内容，选择适宜的教学形式和教学方法。

（二）在构建中国特色经济学学科体系中加强习近平经济思想教学

加强习近平经济思想教学，需与构建具有中国特色、中国风格、中国气派的学科体系、学术体系、话语体系有机结合起来。一方面，加快构建中国特色经济学学科体系。在高校思想政治工作中，习近平总书记指出，"要加快构建中国特色哲学社会科学学科体系和教材体系"②。对于经济学课程思政工作，则需结合经济学学科特点，体现专业特色，在加强习近平经济思想教学的过程中，注重介绍和阐释与学科专业知识有关的习近平总书记重要讲话、文章内容与思想③，促进中国特色经济学学科体系的构建。另一方面，加快构建中国特

---

① 《习近平在全国高校思想政治工作会议上强调：把思想政治工作贯穿教育教学全过程　开创我国高等教育事业发展新局面》，《人民日报》，2016年12月9日，第1版。

② 《习近平在全国高校思想政治工作会议上强调：把思想政治工作贯穿教育教学全过程　开创我国高等教育事业发展新局面》，《人民日报》，2016年12月9日，第1版。

③ 国家教材委员会：《国家教材委员会关于印发〈习近平新时代中国特色社会主义思想进课程教材指南〉的通知》，2021年7月21日。

色经济学学术体系和话语体系。经济学学科体系与学术体系、话语体系是密不可分的。在注重习近平经济思想教学的同时，还需加强关于习近平经济思想的科研工作，并将科研成果应用于教学工作中，实现科研与教学相互促进、相互支撑。

（三）在强化问题导向中加强习近平经济思想教学

在经济学课程思政建设中，还需明确问题导向。习近平总书记在全国高校思想政治工作会议上强调，"要强化问题导向"[1]。问题导向，是加强习近平经济思想教学的基本导向。一方面，强化学生问题意识。开展习近平经济思想教学工作，中心是学生。对于如何以学生为中心开展教育教学工作，习近平总书记提出，"要注重启发式教育，引导学生发现问题、分析问题、思考问题"[2]。在讲授有关习近平经济思想的知识点时，需注重启发学生，引导学生思考为什么会产生、是如何发展的、有什么贡献等相关问题。另一方面，明确解决学生疑惑。对于学生的疑惑，习近平总书记所指出，要"以透彻的学理分析回应学生，以彻底的思想理论说服学生，用真理的强大力量引导学生"[3]。在开展习近平经济思想教学时，需更加关注学生的疑惑，明确回应学生的疑惑，避免存在知识盲区。

四、在经济学课程思政建设中加强习近平经济思想教学的实践路径

（一）丰富有关习近平经济思想的教学内容

习近平经济思想体系严整，内涵丰富，博大精深[4]。在经济学课程思政建设中，加强习近平经济思想教学，需讲清和阐明习近平经济思想的基本精神、基本内容、基本要求及其在经济领域的原创性贡献。尤其是在教学内容中，需

---

[1]《习近平在全国高校思想政治工作会议上强调：把思想政治工作贯穿教育教学全过程 开创我国高等教育事业发展新局面》，《人民日报》，2016年12月9日，第1版。
[2] 习近平：《思政课是落实立德树人根本任务的关键课程》，《求是》，2020年第17期。
[3]《习近平主持召开学校思想政治理论课教师座谈会强调：用新时代中国特色社会主义思想铸魂育人 贯彻党的教育方针落实立德树人根本任务》，《人民日报》，2019年3月19日，第1版。
[4] 中共中央宣传部，国家发展改革委：《习近平经济思想学习纲要》，人民出版社、学习出版社，2022年版，第3页。

在经济学课程思政建设中加强习近平经济思想教学的思考

讲授习近平经济思想所涉及的十三个方面的基本内容,包括加强党对经济工作的全面领导、坚持以人民为中心的发展思想、进入新发展阶段、坚持新发展理念、构建新发展格局、推动高质量发展、坚持和完善社会主义基本经济制度、部署实施国家重大发展战略、坚持创新驱动发展、大力发展制造业和实体经济、坚定不移全面扩大开放、统筹发展和安全、坚持正确工作策略和方法。围绕这十三个方面的基本内容,设计和制作教学大纲和课件讲义,全面丰富教学内容。

(二)优化有关习近平经济思想的教学形式

在经济学课程思政建设中,加强习近平经济思想教学,应在已有教学形式的基础上,进一步拓展教学形式,更好展现教学思政效果。一方面,推进理论教学与实践教学相结合。有关习近平经济思想的教学,不仅包括理论教学,而且包括实践教学。对于思政课教学,习近平总书记认为"一定要跟现实结合起来",指出"不仅应该在课堂上讲,也应该在社会生活中来讲"[1]。在抓好课堂教学和理论教学的同时,利用志愿服务、理论宣讲、社会调研等实践活动[2],开展相关实践教学,并将实践教学的成果反馈运用到理论教学中,促进理论教学与实践教学相辅相成。另一方面,推进线下教学与线上教学相结合。互联网、大数据等新媒体新技术对教学形式的转变带来了不可忽视的影响。习近平总书记提出:"运用新媒体新技术使工作活起来,推动思想政治工作传统优势同信息技术高度融合。"[3] 在开展习近平经济思想教学时,既要重视线下教学,发挥线下教学的优势;又要进行线上教学,运用新近的在线教育和移动学习以及人工智能相助的学习新生态[4],利用微信公众号、师生在线交流平台等多种传播媒介,巩固拓展教学内容,促进线下教学与线上教学相互补充。

(三)创新有关习近平经济思想的教学方法

在经济学课程思政建设中,讲好习近平经济思想,需综合运用多种教学方法,并不断创新教学方法。一方面,运用系统讲授与专题研讨相结合的教学方

---

[1] 《"'大思政课'我们要善用之"(微镜头·习近平总书记两会"下团组"·两会现场观察)》,《人民日报》,2021年3月7日,第1版。
[2] 《教育部等十部门关于印发〈全面推进"大思政课"建设的工作方案〉的通知》,2022年7月25日。
[3] 《习近平在全国高校思想政治工作会议上强调:把思想政治工作贯穿教育教学全过程 开创我国高等教育事业发展新局面》,《人民日报》,2016年12月9日,第1版。
[4] 教育部课题组:《深入学习习近平关于教育的重要论述》,人民出版社,2019年版,第151页。

法。教学过程中，面对习近平经济思想的丰富内容，既要做到全面覆盖，又要做到重点突出。按照系统讲述与分领域分专题阐释相结合的方式，把握总论与分论、理论与现实、宏观与微观、显性与隐性的关系，做到科学编排、有机融入、系统展开①。另一方面，运用灌输式教学与启发式教学相结合的教学方法。在开展习近平经济思想教学时，不仅要有效发挥教师的作用，而且要积极调动学生的参与性和主动性。习近平总书记认为，"运用小组研学、情景展示、课题研讨、课堂辩论等方式教学，让学生来讲，这有利于发挥学生主体性作用"，强调"特别是要讲好新时代的故事"，指出"讲故事，不仅老师讲，而且要组织学生自己讲"②。即在经济学课堂上，提供更多的学生展示机会，促使学生通过展示汇报和互动讨论，加深对习近平经济思想的理解，达到立竿见影的教学效果。

---

① 国家教材委员会：《国家教材委员会关于印发〈习近平新时代中国特色社会主义思想进课程教材指南〉的通知》，2021年7月21日。

② 习近平：《思政课是落实立德树人根本任务的关键课程》，《求是》，2020年第17期。

如何建立中国经济学发展的后发优势

李江一[①]

摘　要：中国经济学在借鉴西方经济学思想和方法取得长足发展的同时也暴露出一些问题：过度追求方法的科学性而日益忽视了研究问题的重要性，过度追求程式化让经济学者的研究越来越缺乏系统的思想性……对此，文章认为可从重新振兴经济学的预测功能、打破西方经济学思维、"破五维"并鼓励成为具有坐冷板凳精神的研究者、培养经济学拔尖人才作为己任等四个方面着手变革现有经济学的研究范式和培养模式，构建具有中国特色的经济学思想理论体系。

关键词：中国特色经济学理论体系；主要问题；后发优势

过去二十多年，受西方经济学思想、方法的影响，中国经济学通过取长补短取得了十分明显的进步，相关研究也为指导中国具体实践提供了重要参考。一方面，经济学研究方法从定性向定量转化极大地提高了研究结论的科学性和可靠性，有效避免了经济学思想"泛滥"带来的诸多争议，比如，新古典经济学为市场经济在配置资源的基础性地位上提供了必要指导，新制度经济学为产权制度的完善提供了理论支撑，新经济地理经济学为城市发展、企业聚集、产业集聚提供了逻辑基础。另一方面，研究方法的科学化、规范化和程序化拓宽了经济学研究的边界，吸引了众多学者加入经济学研究行列，同时为经济学科培养了大量人才，经济学日益成为名副其实的显学。

然而，中国经济学在借鉴西方经济学思想和方法取得长足发展的同时也暴露出一些问题。

第一，经济学过度追求方法的科学性而日益忽视了研究问题的重要性。通常而言，提出一个好的问题比解决一个平庸的问题更为重要，便如宏观经济学里的蒙代尔不可能三角，经济学研究中也存在"不可能三角"，即"好的问题"

[①] 李江一，四川大学经济学院副教授、硕士研究生导师。

"好的方法"和"没人做过"三者往往无法兼得。比如，我们可能提出了一个好的问题，但解决这个问题可能没有好的方法或这个问题已经有学者涉及。因此，经济学研究往往需要在三者中做出取舍，而甄别一个好的问题比评判一种方法的好坏要难得多，伴随着研究方法的快速传播，同行评议越来越偏向于方法科学的研究，即使研究问题的意义并不十分重要，这导致经济学研究日益成为精致的平庸，典型的现象是经济学研究中数理模型的过度使用以及写作篇幅越来越长，经济学研究越来越成为长篇故事汇。

第二，陷入西方经济学思想的泥沼。不可否认，在西方经济学理论的指导下，中国逐步完善了社会主义市场经济，但一个共识是，西方经济学理论无法完全解释中国经济增长奇迹。比如，市场经济是否就一定能够取得资源的最优配置？政府在市场经济发展中是否只能充当守门人的作用？国有企业是否一定是效率低下的？中国独特的农地产权制度安排为何能够使中国成为农业强国？在经济发展不平衡不充分的基本国情下，为何中国能够创造世所罕见的经济持续高速增长与经济社会稳定发展的双重奇迹？显然，之所以西方经济学理论无法解释中国经济增长奇迹是因为忽视了经济学理论来源于实践又指导实践的基本事实。学者们过于迷信现有经济学理论的指导作用，而忽视了在实践中发展和创造理论。我们应该清楚地认识到，不同于自然科学，没有一种适用于指导所有国家和地区经济发展的经济学理论，每个国家都有其特殊性，应当有的放矢，发展和创造出适用于本国发展的经济学理论，进而为相似背景国家提供参考。

正如2016年习近平总书记在哲学社会科学工作座谈会上的讲话所指出："我们的哲学社会科学有没有中国特色，归根到底要看有没有主体性、原创性。""历史表明，社会大变革的时代，一定是哲学社会科学大发展的时代。当代中国正经历着我国历史上最为广泛而深刻的社会变革，也正在进行着人类历史上最为宏大而独特的实践创新。这种前无古人的伟大实践，必将给理论创造、学术繁荣提供强大动力和广阔空间。这是一个需要理论而且一定能够产生理论的时代，这是一个需要思想而且一定能够产生思想的时代。我们不能辜负了这个时代。"①

第三，经济学研究方法的程式化也让经济学者的研究越来越缺乏系统的思想性，经济学研究越来越成为营养缺乏的"快餐"。方法的普及带来的好处是

---

① 习近平：在哲学社会科学工作座谈会上的讲话。新华网：www.xinhuanet.com//politics/2011-05/18/c_1118891128.htm。

可以运用方法解决不同问题，这给学者们提供了研究众多问题的可能，但随之带来的一个问题是，大多数研究变成了"追星"，为了发表而只研究热点问题，不论该热点问题是否属于自己的研究领域，这就使得很多学者的研究缺乏系统性、整体性和思想性。一旦对某个问题缺乏系统性的思考，那只能是盲人摸象，无法触及问题的本质，提不出新的观点，也就无法实现理论的超越和创新。

虽然经济学思想和方法已越来越普及，但仍未达到完善的地步，与此同时，为构建中国特色的经济学思想理论体系，迫切需要变革现有经济学的研究范式和培养模式。笔者认为，可以从如下几个方面着手：

首先，重新振兴经济学的预测功能。经济学从独立成为一门学科开始就以解释经济现象和预测经济变化为主要目标，即哲学上的认识世界和改造世界，由于预测较难，现有经济学理论侧重于解释经济现象。比如，计量经济学中的时间序列分析就曾因其突出的预测作用而兴起，而后又因准确预测的难以实现而逐渐被阐释经济现象的应用微观计量经济学而取代。随着大数据时代的来临，基于高维数据的建模将为准确预测提供前所未有的可能。为实现经济学研究更高层次的目标，亟须学者从事相关研究，并在基础人才培养上及时跟进国际前沿方法理论，让经济学真正成为帮助政府、企业、家庭决策的显学。

其次，打破西方经济学思维，构建具有中国特色的经济学思想理论体系。中国经济增长的奇迹不是个例，不应成为经济学思想理论体系中的"极端值"，人类文明进程也不应忽视中国发展的理论贡献。比如，如何在产权不完善的情况下发展经济？如何在土地所有权属于国家的情况下提高土地资源的配置效率？……诸如此类问题，都是欠发达国家正在面临的难题。为一般性地总结出中国经济发展的规律，需要对西方经济学理论进行辩证的思考，将其与中国具体实践紧密结合，归纳总结出具有中国特色的经济学思想理论，甚至对现有经济学理论进行重构，为人类发展贡献中国智慧，让中国特色的经济学思想理论体系不仅成为整个经济学思想中的宝库，而且能够为欠发达国家经济发展提供有富有价值的指导。

再次，"破五维"，鼓励坐冷板凳，鼓励经济学者成为思想家。要让经济学者讲真问题、有真洞见、做真论证、出真结论，必须要在考核评价体系上给学者时间和空间，打破唯论文、唯帽子、唯职称、唯学历、唯奖项的单一评价体系，建立更具弹性的考核评价体系。比如，将学者的学术影响力和社会影响力结合进行评价，不仅鼓励学者发表专业性的学术论文，而且鼓励学者积极参与政府治理，撰写专栏对学术成果进行通俗易懂的转化，将成果转化为就业创业实践，在社会上发声等。对学术能力的考察不应以最后的发表作为考量，尤其是不能以论文数量作为考核指标，建立学术能力的阶段性考核指标。比如，即使论文尚未发表，也可参考现有研究生学位论文的评价体系，通过匿名同行评议来评价论文质量，根据同行评议结果来决定是否留聘学者。此外，也可将论文的写作、投稿、修改、发表等过程分阶段考核，完成阶段性目标便可继续鼓励其开展学术研究，给予学者足够的时间和空间做真学问。再如，将学者是否形成一个领域的思想理论体系纳入考核指标，鼓励学者长期坚守一个领域的研究，成为一个领域内真正的专家。

最后，中国经济学思想理论体系的建立不是一蹴而就的，需要几辈人的努力，高校需要将培养经济学拔尖人才作为己任。经济学教育者应立足教书育人的基本职责，坚守为社会培育栋梁之材的教学初心，提升自我，传承经典，开拓创新，始终坚持"在课堂中夯实基础，在实践中检验真知"的教学理念，始终坚持"教学相长，亦师亦友"的教学风格，始终坚持"查漏补缺，追踪前沿，保持一流"的教学方式，努力培养能够运用现代经济学方法解决中国实际问题的理论家和思想家。在教学过程中需要不断增强学生对中国特色社会主义的道路自信、理论自信、制度自信和文化自信，将总结和探索中国经济发展的规律作为重要培养内容，让中国经济学思想理论体系代代相传并走向世界。

树立大历史观，讲好经济史学

唐 永[①]

摘 要：历史是最好的教科书。习近平总书记多次强调学习历史，树立大历史观的重要性。大历史观是正确看待历史发展的科学历史观，是准确把握历史发展趋势的科学思想方法。在经济史学的教学过程中树立大历史观，有助于拓宽历史视野，认识历史规律，正确看待历史人物和历史事件，提升育人格局，知往鉴今，开创未来。

关键词：经济史学；大历史观；历史规律；育人格局

历史是最好的教科书，也是最好的老师。习近平总书记指出："了解历史才能看得远，理解历史才能走得远。要教育引导全党胸怀中华民族伟大复兴战略全局和世界百年未有之大变局，树立大历史观，从历史长河、时代大潮、全球风云中分析演变机理、探究历史规律，提出因应的战略策略，增强工作的系统性、预见性、创造性。"[②] 大历史观是正确看待历史发展的科学历史观，是准确把握历史发展趋势的科学思想方法[③]。经济史学，着眼于经济发展的历史过程，探寻历史发展规律。在经济史学的教学过程中树立大历史观，有助于拓宽历史视野，认识历史规律，正确看待历史人物和历史事件，提升育人格局，知往鉴今，开创未来。

一、树立大历史观有助于拓宽历史视野

对于一名经济史学的教师而言，拥有宽广的历史视野至关重要。正如习近平总书记所指出的："思政课教师的历史视野中，要有5000多年中华文明史，要有500多年世界社会主义史，要有中国人民近代以来170多年斗争史，

[①] 唐永，四川大学经济学院副教授、硕士研究生导师、经济系副系主任。
[②] 习近平：《在党史学习教育动员大会上的讲话》，人民出版社，2021年版，第14页。
[③] 韩震：《深刻认识和把握大历史观的哲学意蕴》，《人民日报》，2022年2月21日，第7版。

要有中国共产党近100年的奋斗史,要有中华人民共和国70年的发展史,要有改革开放40多年的实践史,要有新时代中国特色社会主义取得的历史性成就、发生的历史性变革,通过生动、深入、具体的纵横比较,把一些道理讲明白、讲清楚。"① 如果不具备宽广的历史视野,就很容易犯"盲人摸象"的错误,只见树木,不见森林,无法弄清历史发展的完整过程,无法看清历史发展的过去与未来。在教学过程中,笔者发现学生对中国历史发展的过程缺乏全面了解,无法从大历史观的视角看待中国历史上经历过的辉煌与挫折,没能很好理解中华民族伟大复兴的历史逻辑和现实逻辑。这就要求我们经济史学的专业课教师必须具备宽广的历史视野,全面了解中国历史发展的全貌。为了让学生更加深刻和直观理解中国古代曾经取得的辉煌成就,笔者会综合利用视频、图表、数据等各类历史资料,引用国内外不同学者的观点对该问题进行多维度讲授。为了让学生更好理解中国近代沦为半殖民地半封建社会的原因,笔者经常引导学生从国际、国内两个方面综合考虑。国际方面包括大航海和地理大发现、英国及其他资本主义国家的产业革命、欧洲国家的对外扩张及殖民策略、帝国主义国家瓜分世界及资本输出、帝国主义国家对中国的侵略等;国内方面包括中国封建制度的腐朽、闭关锁国政策、封建主义与专制主义结合、封建势力对外妥协与对内镇压、封建主义及国内反动势力成为外国资本主义的帮凶和走狗等。同样,在讨论"李约瑟之谜"时,为了让学生更加全面理解作为当时世界上GDP占比最高的中国为什么没能率先发动工业革命时,笔者也会让学生们结合国际和国内两个方面,从横向和纵向两个维度进行比较分析。

二、树立大历史观有助于认识历史规律

古人云,"前事不忘,后事之师","以史为鉴,可以知兴替"。这些都告诉我们历史发展虽不会完全重复,但的确有很多规律可循。这就要求我们树立大历史观,全面看待历史过程,掌握历史发展的必然规律。例如习近平总书记多次提到的"人心向背"问题。从历史上看,人心向背都是决定一个国家盛衰的关键因素。正如荀子所言,"水能载舟,亦能覆舟"。孟子更是阐释了"得民心者得天下"的道理,他在《孟子·离娄上》中指出:"得天下有道:得其民,斯得天下矣。得其民有道:得其心,斯得民矣。得其心有道:所欲与之聚之,

---

① 习近平:《思政课是落实立德树人根本任务的关键课程》,人民出版社,2020年版,第15页。

所恶勿施尔也。"中国古代历代王朝的更替都形象述说着国家兴衰与人心向背的关系。秦王朝作为中国第一个统一全国的王朝却二世而亡,生动阐明了"人心向背"这一道理。唐代著名诗人和文学家杜牧在《阿房宫赋》中就深刻指出了秦朝灭亡原因:"呜呼!灭六国者,六国也,非秦也。族秦者,秦也,非天下也。嗟乎!使六国各爱其人,则足以拒秦;使秦复爱六国之人,则递三世可至万世而为君,谁得而族灭也?秦人不暇自哀,而后人哀之;后人哀之而不鉴之,亦使后人而复哀后人也。"隋炀帝原本聪明多智,广学博闻,又承隋文帝大业,前期天下强盛,海内殷实,但后期弃德穷兵,骄奢淫逸,不修国政,失去民心,最终落得身死国亡。唐王朝的兴衰也说明了这一点。唐太宗励精图治,虚怀纳谏,知人善用,开创了"贞观之治"。唐玄宗初期改革吏治,轻徭薄赋,缔造了"开元盛世",后期却宠幸贵妃,重用奸臣,荒废朝政,直接导致了"安史之乱"的爆发,成了唐王朝由盛转衰的转折点。中国古代这样的例子不胜枚举,都生动反映了"人心向背"与"国家兴衰"的关系。作为经济史学的教师,树立大历史观是基本要求;同时教师应将这种世界观传授给学生,让更多学生学会从大历史观视角更好认识历史发展规律。

三、树立大历史观有助于正确看待历史人物和历史事件

历史发展过程通常是多种因素共同作用的结果。树立大历史观,坚持历史唯物主义,有助于我们正确认识和评价重大历史事件和重要历史人物。在教学过程中,笔者发现,学生对于一些重大历史事件和重要历史人物缺乏正确认识,缺乏独立思考,容易人云亦云。例如如何正确看待毛泽东同志的功劳与过错,这是我们讲授"中国经济史""改革开放史"等课程中绕不开的话题。对于毛泽东同志的科学评价,我们就必须坚持大历史观和唯物史观,正如习近平总书记所指出:"对历史人物的评价,应该放在其所处时代和社会的历史条件下去分析,不能离开对历史条件、历史过程的全面认识和对历史规律的科学把握,不能忽略历史必然性和历史偶然性的关系。不能把历史顺境中的成功简单归功于个人,也不能把历史逆境中的挫折简单归咎于个人。不能用今天的时代条件、发展水平、认识水平去衡量和要求前人,不能苛求前人干出只有后人才能干出的业绩来。"[①] 因此,《关于建国以来党的若干历史问题的决议》便对毛

---

① 习近平:《在纪念毛泽东同志诞辰 120 周年座谈会上的讲话》,人民出版社,2013 年版,第 11 页。

泽东同志进行了全面评价。该决议认为："毛泽东同志是伟大的马克思主义者，是伟大的无产阶级革命家、战略家和理论家。他虽然在'文化大革命'中犯了严重错误，但是就他的一生来看，他对中国革命的功绩远远大于他的过失。他的功绩是第一位的，错误是第二位的。他为我们党和中国人民解放军的创立和发展，为中国各族人民解放事业的胜利，为中华人民共和国的缔造和我国社会主义事业的发展，建立了永远不可磨灭的功勋。他为世界被压迫民族的解放和人类进步事业作出了重大的贡献。"① 习近平总书记也强调："毛泽东同志为中国新民主主义革命的胜利、社会主义革命的成功、社会主义建设的全面展开，为实现中华民族独立和振兴、中国人民解放和幸福，作出了彪炳史册的贡献。"② 虽然，毛泽东同志在社会主义建设道路的探索中走过弯路，这些弯路"有其主观因素和个人责任，还在于复杂的国内国际的社会历史原因，应该全面、历史、辩证地看待和分析"③，"不能因为他们有失误和错误就全盘否定，抹杀他们的历史功绩，陷入虚无主义的泥潭"④。

四、树立大历史观有助于提升育人格局

新时代的教师必须树立大历史观，以立德树人为根本任务，坚守为党育人、为国育才，培养担当中华民族伟大复兴大任的时代新人。大历史观内在包含"历史—现实—未来"的时间向度，这就要求广大教师必须从历史长河中汲取知识养分，在社会实践中提升育人本领，在中华民族伟大复兴目标的感召下明晰教书育人的真正意义⑤。首先，大历史观要求教师从历史长河中汲取养分，构建自身的知识体系。既要深入了解中国几千年的文明史，也要了解世界历史的发展过程；既要在光辉灿烂的历史成就中总结成功经验，也要从艰难曲折的失败经历中吸取教训；既要积累扎实的专业知识，也要掌握丰富的育人本

---

① 中共中央文献研究室：《十一届三中全会以来重要文献选读（上册）》，人民出版社，1987年版，第331页。

② 习近平：《在纪念毛泽东同志诞辰120周年座谈会上的讲话》，人民出版社，2013年版，第8页。

③ 习近平：《在纪念毛泽东同志诞辰120周年座谈会上的讲话》，人民出版社，2013年版，第11页。

④ 习近平：《在纪念毛泽东同志诞辰120周年座谈会上的讲话》，人民出版社，2013年版，第12页。

⑤ 喻志荣、张永刚：《新时代教育工作者要有大历史观》，《中国社会科学报》，2022年2月8日，第8版。

领。其次，始终坚持实事求是的思想路线，一切从实际出发，在教学实践中提升育人本领。一方面，要立足于中国发展的时代定位与中国基本国情，不断探索适合中国具体实践的教育方法和教育规律；另一方面，要直面中国教育发展不平衡、不充分、不公平的等现实问题，以立德树人为根本任务，以"四有好老师"为重要标准，不断提升育人水平和能力。再次，坚持把服务中华民族伟大复兴作为教育的重要使命，将教育使命与中华民族伟大复兴紧密结合在一起。这就要求我们树立大历史观，认清历史方位，把握国际状况，立足中国现实；要重新审视使命，发展使命，践行使命；要长远谋划，脚踏实地，持续发力；要在复兴路上助力复兴，为伟大复兴担当教育使命①。

参考文献：

[1] 韩震. 深刻认识和把握大历史观的哲学意蕴［N］. 人民日报，2022—02—21（007）.

[2] 教育部课题组. 深入学习习近平关于教育的重要论述［M］. 北京：人民出版社，2019.

[3] 习近平. 思政课是落实立德树人根本任务的关键课程［M］. 北京：人民出版社，2020.

[4] 习近平. 在党史学习教育动员大会上的讲话［M］. 北京：人民出版社，2021.

[5] 习近平. 在纪念毛泽东同志诞辰120周年座谈会上的讲话［M］. 北京：人民出版社，2013.

[6] 喻志荣，张永刚. 新时代教育工作者要有大历史观［N］. 中国社会科学报，2022—02—08（008）.

[7] 中共中央文献研究室. 十一届三中全会以来重要文献选读（上册）［M］. 北京：人民出版社，1987.

---

① 教育部课题组：《深入学习习近平关于教育的重要论述》，人民出版社，2019年版，第122页。

专业史学课程教学中的有关问题思考

杨 林[①]

摘 要：专业史学课程是各学科普遍开设的基础性课程，由于这类课程具有理论性不强、学生相关知识储备参差不齐、学生学习兴趣不足等特点，课堂上学生学习热情难以调动起来，因此在教学中充分利用现代设备与手段，让学生参与教学环节并为学生提供形象资料等。实践表明，这些方法能够调动学生的学习热情，能够实现学生"把头抬起来，坐到前面来，提出问题来，课后忙起来"的目标。

关键词：专业史学课程；教学方式；教学技巧；课堂关注

一、前言

在四川大学 2018 年国家级教学成果特等奖的"以课堂教学改革为突破口的一流本科教育川大实践"研究中，一个重要的目标就是在课堂上要让学生"把头抬起来，坐到前面来，提出问题来，课后忙起来"，只有这样才能提高课堂效率，使学生真正提高自己的能力和专业水平。

要达到这样的目标，一方面，要依靠学校提供的各种硬件设备，以现代技术为依托；另一方面，要以一定的方式和课堂技巧提高学生的课堂学习兴趣，使学生自觉主动地参与到教学环节中。如果只是用强制的方式让学生上课抬头，只能表面上形成上课认真听讲的状态，但是学生精力难以真正集中在课堂上。

专业史学课程由于自身的特点导致学生学习兴趣不足，笔者在教学实践中探索了一些方法，达到"把头抬起来，坐到前面来，提出问题来，课后忙起来"的效果。

[①] 杨林，四川大学经济学院讲师。

二、专业史学课程是提高学生学科素养的重要课程

专业史学课程不是指历史学科的专业课，而是除历史学以外其他专业所开设的史学课程。专业史学课程的学习是提升各专业学生专业素养的基础，因此很多专业史学课程都是各专业的必修课，如笔者在经济学院开设的经济史课程就是经济大类学生的必修课。

根据调查，几乎所有专业都会开设本专业涉及主题的史学课程。如经济学专业的学生必须学习经济史课程，除此以外，还有其他学科开设的专业史学课程，如医学史、管理思想史、中国新闻传播史等。

这些课程说明专业史学课程是理、工、农、医、文、史、哲等学科普遍开设的课程。专业史学学习也是各专业学生必备的学科素养之一。

三、专业史学课程的特点

各专业都会给学生开设本专业的史学课程，但是专业史学课程与专业理论课程相比，有自身的一些特点。

（一）理论性不强

专业史学课程研究的是与本专业相关主题的发展历史，如经济史研究的是人类社会经济发展的历史过程，通过对经济史的学习，学生可以了解人类社会经济发展的轨迹，了解经济由简单到复杂的发展过程，从而对当前的经济结构和经济形态有着更深入的了解，为学习经济学理论打下基础。其他的专业史学课程均有类似的特点。

但是经济史学课程和专业课程相比，理论性不强，特别是对理工农医等学生来讲，这类课程没有公式、定理，也没有理论的分析，学习和研究的是属于文科范畴的内容。

（二）学生相关知识储备参差不齐

对于一些文理兼收的学科，学生对专业史学课程的知识储备参差不齐。如经济学专业就是典型的文理兼收的学科，笔者曾经做过调查，在一个有72名学生的班级中，文科生37名，理科生35名，文理科的学生几乎各占一半。

学习专业史学课程，文科生具有一定专业优势。因为不论哪一类的专业史学课程，如果有历史、地理知识的储备，就可以以学习内容的历史背景为支撑，更好地理解和掌握所要学习的内容。这种情况也造成不同类型的学生在学习兴趣与关注度上的表现不同。

（三）学生对专业史学课程学习兴趣不足

由于课程理论性不足，不同类型学生知识储备不同，很多学生在学习这类课程时会感觉对提升自己的专业能力所起的作用不大，因此不愿意花费时间在这类课程的学习上，相比于专业理论课程的学习来讲，学生的学习兴趣明显不足，有时候会出现课堂秩序混乱、缺课较多的情况。或者上课不够专心，课堂上做与本课程无关的事情，课堂的表现就是很多同学不会抬头，不认真听老师讲课，更不会主动坐到前排。

四、专业史学课程教学中提高学生课堂关注的探索

笔者在讲授经济史课程的时候，明显感觉学生的课程关注度不够，这与笔者在上其他经济学专业课程时同学的表现完全不同。因此，针对专业史学课程的教学，笔者尝试用以下方法活跃课堂氛围，提高学生的学习兴趣。

（一）充分利用现代设备与手段

教室改造后的手机互动设备，为丰富课堂创造了条件。

第一，手机签到功能可以督促学生到课。学生来到教室首先要用手机签到，签到的同时，学生的手机与课堂教学系统联结成了一个整体，无形中促使学生开始自我调整，进入上课前的准备状态。

第二，课堂测试功能对督促学生认真听讲和吸引注意力起到很好的作用。对于刚讲过的内容，用选择题、判断题等形式编成题目，让学生用手机作答并提交答案。提前告知学生，所有课堂测试的题目均是课堂上刚刚讲过的内容。这样，一方面，学生要正确回答问题，就必须认真听课。另一方面，如果学生上课做其他的事情，如做其他学科作业、看小说、背英语或玩手机，都会因为经常出现的课堂测试而中断，强迫学生把精力集中到史学专业课程学习中。

手机测试可以为教师成绩评定提供两个指标：参与率和准确率。这就使学生不能放弃回答，否则会影响参与率；也使学生要努力保证回答的正确性，否则会影响准确率。

课后可以通过分析学生回答问题的准确率，了解学生对课堂内容的掌握情况，对完善教案也有重要参考价值。

第三，随机选人功能与学生评分功能可以抽查学生某些问题。为了形成课堂活跃氛围，需要师生互动，很多教师都会设计一些问题由学生在课堂上回答，有时候学生会踊跃参与，但遇到学生不主动时，这个功能就可以在到课的学生中随机选择，学生回答的水平和质量可以通过学生评分功能予以评价。这也是能够吸引学生课堂注意力的一种很好的手段。

总之，充分利用已有的硬件设备，在教学环节通过科学设计，能够极大提高学生的课堂关注度，使学生在上课时自发地做到"把头抬起来，坐到前面来"。

（二）学生参与教学环节

专业史学课程让学生感觉乏味，一个重要的原因是过去填鸭式的教学方式单纯由教师讲授、学生被动接受。如果改变这种方式，把某些内容的讲述机会交给学生，能够极大地提高学生课堂兴趣。

专业史学课程教学中，很多时候要做历史背景的铺垫，这部分内容虽是不可缺少的，但不涉及教学内容的核心。这些知识完全可以由学生来讲授，教师进行点评和补充。因此，专业史学课程与理论课不同，更适合学生参与教学环节。

由学生参与讲授，让其有准备和查找资料的时间，必须提前布置任务。任务明确以后，要让学生主动地、竞争性地争取讲授机会，在课前要确定讲授的学生，并与学生沟通讲授这部分内容的时间控制、涉及的范围，并提供一些讲课技巧等[①]。

实践表明，学生对参与教学环节兴趣十足，这是展示学生才华的舞台。每次讲述内容布置以后，报名的学生非常踊跃。如 2018 年 6 月，笔者收到学生愿意参与教学有关的邮件就达 42 封，学生的讲述也使课堂关注度更高。

（三）为学生提供形象资料

由于学生中存在文科、理科不同类型，他们的知识储备各不相同，对于文科学生来说，有一定的历史、地理知识储备，在学习经济史中，对经济事件发

---

① 杨林：《翻转课堂教学方法在"中外经济史"课程教学中的应用探索．探究式 研究性 多样化——四川大学课堂教学创新实践》，四川大学出版社，2018 年版，第 147 页。

生的历史背景较为熟悉，但是理科生这方面相对欠缺。因此，教师在教学中应当适当补充一些相关知识，提供一些形象资料作为学生课后学习资料，不一定占用有限的课堂时间。形象资料主要包括以下类型。

1. 专业论文

学校图书馆存有海量数据文献资料，通过对教学中相关主题的检索，可给学生提供学习中所涉及内容的相关论文。学生通过对论文的研读，既能补充知识，又能提高科研能力，激发撰写专业论文的热情。

2. 影像资料

很多机构拍摄了一些专题纪录片或资料片，通过搜集，可把这些资料汇集，当学习到某一环节时，可以为学生提供这些资料以便课后观看，使学生形象了解经济史的历史背景。如中央电视台拍摄的大型纪录片《世界历史》共100集，涉及人类社会发展的重大历史事件，这些历史事件有些与经济史相重合。如讲到工业革命时，可以让学生课后观看其中《英国工业革命》《西欧北美工业革命》等。

虽然这些资料学生都可以自行在网络上搜集下载，但是要花费很多时间和精力，老师提前做好这些工作，直接给学生提供相关资料，可以节省学生的时间。更重要的是，论文和影像资料可以调动学生的学习热情，使学生对要学习的内容有更形象的认识，也能培养学生对专业史学课程的学习兴趣。

五、实施效果分析

教学经验是在不断实践中积累的。笔者在提高学生课堂专注的长期探索中，总结出前面所列的几种方法，在课堂上应用可以发现效果明显，主要表现在以下方面。

（一）课堂秩序变得更好

首先，利用现代设备，使学生上课时精力更集中于课堂。学生都有上进心，如果上课不认真学习，那么在课堂测试环节就不能取得好的成绩，当不认真学习的学生多次在课堂测试中回答错误，他就会自觉地在课堂中认真起来。其次，学生参与教学环节对提高其上课专注度也有很大作用。改变教师一贯的风格，有些内容由学生上台讲解，能使学生更有兴趣，而且很多学生对此跃跃欲试，也希望自己能够尝试展示才华，因此会更加认真听讲，会思考如果这个问题自己去讲会怎么讲……再次，课后提供的各种资料对提高学生的学习兴趣起到重要作用，学生有了兴趣上课自然就会更加专注。

因此，在实施这些方法以后，学生对学习更有热情，上课更加认真，抬头率、前排率指标表现更好，课堂秩序更加有序。

（二）学生动手能力提高

这主要表现在学生参与教学环节的操作实施中。通常文科课程不要求学生动手，学生以被动接受为主，这样会在学习中形成惰性，惰性的不断发展是导致学习热情不高的重要原因。

在学生参与的环节，很多学生都会努力在讲台上向同学们展示个人独特的风采，因此在准备环节特别用心。各方面查找资料，搜集数据，对数据和资料进行分析、加工和整理，形成一定的思路，并用PPT或其他软件制作课件，甚至还有些学生准备了文字稿。这些实践无形中提高了学生的动手能力和研究问题的水平，也提高了学生对这门课程的学习兴趣。

（三）学生参与意识提高

笔者在教学实践中发现学生课堂参与意识很低，一些互动环节缺乏热情。但是让学生走上讲台以后其参与意识逐步提高。刚开始的时候，几乎没有学生愿意主动报名参与讲述，在几位学生做出表率以后，其他学生的参与热情渐渐提高，以至于到了后期，学生之间为了争抢有限的讲述机会而进行激烈的竞争，一个话题有很多同学抢着来讲。所以最后只得规定：先用电子邮件报名的同学优先。经常会出现这样的情况：当下次课要学生讲述的内容刚公布，就有学生立即向笔者发电子邮件，其热情令人振奋。

（四）学生自觉形成团队合作意识

学生在校学习期间，很少有团队合作的机会，这对培养学生的组织能力、协调能力、相互配合等素养不利。在让学生走上讲台以后，学生间会自发形成团队合作。因为要讲好一个内容，必须付出大量劳动，包括查找文献、分析资料、数据加工与整理、制作课件、美化与加工、组织语言等。有时候一位学生拿到课题以后，在有限的时间内不能够完成这些工作，就需要主动与其他同学合作，组建团队，分工配合，共同完成任务，并力争使自己做得更完美。

自觉形成的团队合作意识，是学生在未来科研或工作中不可缺少的重要素养。

（五）为学科成绩评定提供了更科学的方式

四川大学在教学中一直强调过程考核，学科成绩不以期末考试为唯一依据。利用现代教学设备和让学生参与课堂等方式，为科学评定学生平时成绩提供了依据，使成绩更能显示学生课程学习的情况，使每个学生的课程分数更加客观公正。

六、结语

专业史学课程是各学科普遍开设的课程。由于这类课程具有理论性不强、学生学习兴趣不足等特点，学生学习热情难以被调动起来，因此笔者在教学中采用了一些方式和手段。实践表明，这些方法能够调动学生的学习热情，使学生能够"把头抬起来，坐到前面来，提出问题来，课后忙起来"。

参考文献：

［1］王月彤. 关于书法史课程教学现状与提升的新探索——以史学史的方法开展书法史教学［J］. 大学书法，2020（4）：57－60.

［2］杨婷. 论新闻传播史学课程教学困境与突破［J］. 传媒论坛，2019，2（11）：103－104.

［3］王保星. 教学价值·教学理念·教学策略：我国大学教育专业本科课程的"教学之道"——以《外国教育史》课程教学为例［J］. 河南大学学报（社会科学版），2019（2）：125－128.

［4］车菲菲. 西方史学史课程教学方法的创新研究［J］. 艺术科技，2018（11）：52.

［5］覃振华. 浅议史学教育在中国美术史课程教学中的重要性［J］. 美术教育研究，2018（11）：133－134.

［6］梁立佳. "非师范类"院校之公共史学课程建设［J］. 北华大学学报（社会科学版），2021（3）：121－126.

课程思政建设

"一主线两阵地三抓手"
课程思政方法的探索与实践

余 澳[①]

摘 要：培养什么人、怎样培养人、为谁培养人是教育的根本问题。根据党的教育方针政策，课程思政在当前高校立德树人工作中具有重大意义，做好课程思政直接决定着人才培养的质量。本文重点对"一主线两阵地三抓手"课程思政方法的具体内涵及应用情况进行了详细介绍，以期对读者同行有所启发借鉴。

关键词：课程思政；"一主线两阵地三抓手"；教学实践

培养什么人、怎样培养人、为谁培养人是教育的根本问题。2018年9月10日，习近平总书记在全国教育大会上发表重要讲话指出："要在坚定理想信念上下功夫，教育引导学生树立共产主义远大理想和中国特色社会主义共同理想，增强学生的中国特色社会主义道路自信、理论自信、制度自信、文化自信，立志肩负起民族复兴的时代重任。"[②] 教育部于2020年6月印发《高等学校课程思政建设指导纲要》，强调高等学校人才培养是育人和育才相统一的过程，建设高水平人才培养体系，必须将思想政治工作体系贯通其中，必须抓好课程思政建设，解决好专业教育和思政教育"两张皮"问题。

根据党的教育方针政策，课程思政在当前高校立德树人工作中具有重大意义，做好课程思政直接决定着人才培养的质量。在坚持十多年一线教学工作基础上，笔者逐步形成并总结出一套以"一主线两阵地三抓手"为基本特征的课程思政方法，作为该方法实践应用的课程——中国特色社会主义政治经济学课程也被评定为"四川大学课程思政榜样课程"。本文将重点对"一主线两阵地

[①] 余澳，四川大学经济学院教授，硕士研究生导师，经济系党支部书记。
[②] 习近平出席全国教育大会并发表重要讲话. 中国政府网. www.gov.cn/xinwen/2018−09/10/content_5320835.htm.

三抓手"课程思政方法的具体内涵及应用情况进行详细介绍，以期对读者同行有所启发借鉴。

一、"一主线两阵地三抓手"内涵

所谓"一主线两阵地三抓手"是指教师在教学过程中坚持以立德树人为主线，充分利用好第一课堂和第二课堂两个阵地，通过抓好专业课程属性、抓准党和国家重大关切、抓牢学生意识形态，进而将专业课教学与思政育人深度结合。

（一）"一主线"是指将立德树人主线贯穿于课程思政始终

高校教师的根本任务在于立德树人，培养社会主义建设者和接班人。课程思政的主要目的就是用正确的世界观、价值观、人生观武装青年大学生头脑，让大学生在进行专业课学习时，既充分掌握专业知识，又树立正确"三观"，拥有专业思辨能力，实现爱党爱国、运用所学知识报效祖国的目的。

（二）"两阵地"是指在育人工作中充分利用好第一课堂和第二课堂两个育人阵地

第一课堂主要指专业课程教学课堂，是学生掌握专业基础知识的主要场所，通常以课堂教学、课程实验等方式体现。第二课堂主要指专业课程学习之外的大学生课外兴趣活动，如各类社团活动、学科竞赛、社会实践等。第一课堂与第二课堂具有互补互助作用，第一课堂有利于学生掌握专业知识，打牢专业学习基础；第二课堂有利于学生兴趣爱好的发挥，尤其是发挥专业长处进行拓展性实践锻炼。

（三）"三抓手"是指抓好专业课程属性、抓准党和国家重大关切、抓牢学生意识形态

抓好专业课程属性主要指专业课程教师要了解自己讲授课程的目的和性质，这是将专业知识教学与思想政治引领相结合的重要基础；抓准党和国家重大关切是指专业课教师要充分了解当前党和国家大政方针，要将专业知识与党和国家重大关切紧密结合，这是做好课程思政的关键；抓牢学生意识形态是指专业课教师在教学中要引领学生树立正确的世界观、价值观和人生观，这是课程思政目的所在。

二、应用案例

以笔者主讲的中国特色社会主义政治经济学（以下简称中特政经）为例，通过"一主线两阵地三抓手"方法的具体实施，形成了中特政经课程的课程思政特色范式。

（一）课程属性

中国特色社会主义政治经济学是为本科生开设的专业必修课，开设学期是第二学期，共计 3 个学分。从课程属性角度讲，中特政经是当代中国的马克思主义政治经济学，是马克思主义政治经济学基本原理与中国改革开放新的实践相结合的经济理论，是中国特色社会主义理论体系的重要组成部分。马克思主义认为"政治经济学本质上是一门历史的科学"，因此中特政经课程对于学生了解我国的基本国情，尤其是了解我国基本经济制度形成的原因、过程及当代特征，自觉运用唯物史观认识我国经济运行规律，进一步坚定当代大学生的理想信念、坚持"四个自信"、积极拥护党的各项方针政策具有重大意义。因此，从这个意义上讲，中特政经课程具有天然的课程思政属性，属于中国特色经济学的基础课程，对于学生听党话、跟党走具有重要意义。

（二）党和国家重大关切

中国特色社会主义政治经济学的教学内容涉及当前党和国家在经济领域的大政方针，具体涉及经济制度、经济运行、经济发展和对外开放等多个方面，运用正确的理论做指导并结合实践情况对这些大政方针进行解读直接影响着学生正确立场的形成。比如党的十九届四中全会通过的《中共中央关于坚持和完善中国特色社会主义制度 推进国家治理体系和治理能力现代化若干重大问题的决定》对社会主义基本经济制度做出了最新界定，因此在教学过程中就要对社会主义基本经济制度的特征、形成背景与过程、具体内涵等进行正确解读。又如，在经济发展部分就涉及新发展理念、高质量发展、绿色发展等理论和实践问题，如何讲好这些重大战略背后的理论问题即马克思主义经济学的依据是什么，又如何结合好当前最新实践解读好这些发展模式，关乎着学生对党和国家重大方针政策的拥护和贯彻执行。

(三) 学生意识形态

让学生区分政治经济学与西方经济学的不同学科特点，引导学生自觉运用马克思主义经济学基本原理分析认识中国经济现象，自觉抵制西方经济学中的腐朽思想，明白中国的经济现象与经济运行应当用当代中国经济学进行解释分析，要用中国话语讲好中国故事，坚持"四个自信"，树立正确"三观"。

(四) "两阵地"应用体现

1. 第一课堂

第一课堂是教学开展的主要场所，也是实践"三抓手"进行课程思政的主阵地。以公有制主体地位讲解为例，在此部分内容中，重点围绕为何要建立公有制、公有制的建立过程与主要表现形式、公有制主体地位体现等知识点展开。对于为何要建立公有制，从理论上就要回溯到马克思恩格斯共产主义理论中的人类未来社会所有制形态；中国共产党以马克思主义为指导思想，党领导人民建立公有制的过程是将马克思主义中国化的过程，体现出了马克思主义的实践观；公有制是社会主义制度属性的经济基础保证，只有建立了公有制才可能有社会主义国家的诞生。这样的分析让学生明白中国共产党是以马克思主义为指导思想的党，公有制的建立才有助于保证劳动人民当家作主的地位，而公有制的建立是在党的领导下完成的，这是历史的选择、人民的选择、现实的选择。在实践运行中，公有制的建立为我国集中力量办大事、发挥制度优势奠定了重要的经济基础。

2. 第二课堂

在做好第一课堂教学中的课程思政外，笔者还积极利用好第二课堂，带领和指导本科生积极参与课外学术活动、社会实践等。如果说第一课堂的课程思政是"教学型课程思政"，那么第二课堂的课程思政就是"科研型课程思政"。近年来，笔者积极参与指导学生课外学术活动，所指导的本科生、研究生科研团队聚焦高质量发展、数字经济等主题，接连获得"挑战杯"大学生课外学术作品大赛省级一等奖、二等奖。"纸上得来终觉浅，绝知此事要躬行"，学生在完成科研作品的过程中，可以更充分深入地了解国情，将书本知识更好地运用于分析现实问题，而这个过程就是学生将论文写在祖国大地上，不断加深对党和国家方针政策的研究、宣传和贯彻落实，从而自觉做到爱党爱国。

三、工作建议

为做好"一主线两阵地三抓手"课程思政，高校教师应当高度重视课程思政在立德树人工作中的重要性，在实践中练好基本功，用爱心、恒心和忠心做好教书育人工作。

（1）高校教师要深度认知所讲课程的基本属性，要把握好思政元素融入的节点和时机，积极探索有效融入方式和渠道。因此，高校教师要具备课程思政意识，要熟悉主讲课程内容，要在备课过程中拓宽视野，深挖专业知识与课程思政的链接点，将课程思政元素恰当融入专业知识教学中。

（2）高校教师要保持学习，尤其是加强对党和国家大政方针的学习与研究，为思政元素植入打好重要基础。因此，高校教师可以通过自学、政治学习、组织生活学习等加强对党和国家方针政策的学习；要在科研工作中不断加深对党和国家方针政策的研究和应用，将所学所悟运用到课程思政中，做到春风化雨、润物无声。

（3）课程思政要以学生为主体，循循善诱，以理服人，注重启发式、互动式教学，将第一课堂与第二课堂以及科研等结合进行。课程思政不能生搬硬套，演变为单纯说教，要以青年大学生乐于接受的方式展开，将理论与实践紧密结合，使学生不反感、不抵触，实现自觉接受的效果。

参考文献：

[1] 刘鹤，石瑛，金祥雷. 课程思政建设的理性内涵与实施路径 [J]. 中国大学教学，2019（3）：59-62.

[2] 李国娟. 课程思政建设必须牢牢把握五个关键环节 [J]. 中国高等教育，2017（Z3）：28-29.

[3] 高德毅，宗爱东. 课程思政：有效发挥课堂育人主渠道作用的必然选择 [J]. 思想理论教育导刊，2017（1）：31-34.

[4] 韩丽丽. 经济类专业课程思政建设的实现路径探索 [J]. 思想理论教育导刊，2022（5）：126-131.

高校经济学课程思政建设实践的文献简述

赵雯菲　谯　薇[①]

摘　要：课程思政作为一种新的教育理念和教学实践，是促进新时代高校教育改革创新发展的基本要求，也是我国高校教育的重要内容，对高等院校的立德树人教学实践具有重要意义。我国高校经济学教育强调经世济民，注重家国情怀，因此在专业课程的教学过程中开展思政建设具有必要性，开展经济学课程思政需要根据各专业方向的特点，积极开展教学实践，从而实现专业教学与思政教育的有效融合，达到"立德树人"的教育效果。文章以高校经济学课程思政为研究对象，围绕高校经济学课程如何更好开展课程思政实践这一主题进行文献综述，对课程思政的具体内涵、重点内容及如何融入经济学教学实践的相关文献进行了梳理、总结与简评，旨在促进我国高校课程思政建设。

关键词：高校；经济学；课程思政；文献简述

一、引言

党的十八大以来，我国愈发强调突出高等教育过程中"立德树人"的根本任务，提出在培养人才的过程中要注重思想政治工作与教学过程的交叉融合，从而更好实现全程育人、全方位育人。课程思政强调在各类课程的开展中贯穿思想政治理论，不仅传授学科专业知识，同时引领学生学习政治思想理念，形成协同效应，将"立德树人"作为教育的根本任务，将综合发展作为大学教育的重要理念。基于此背景，本文将高校经济学课程思政相关文献进行归纳整理，重点围绕高校经济学课程如何更好开展课程思政实践这一主题进行研究，

[①] 赵雯菲，四川大学经济学院硕士研究生；谯薇，四川大学经济学院教授、硕士研究生导师。

旨在更好进行经济学课程实践，培养学生成为能胜大任、肩重负的应用型人才，为中国特色社会主义建设贡献力量。

为了解相关文献的基本情况，笔者通过中国知网以"经济学"和"课程思政"为主要关键词进行检索，共检测出中文期刊291篇。根据近年发表文章的数量情况（见图1），可见自2018年起经济学课程思政这一主题受到越来越多的研究与关注。

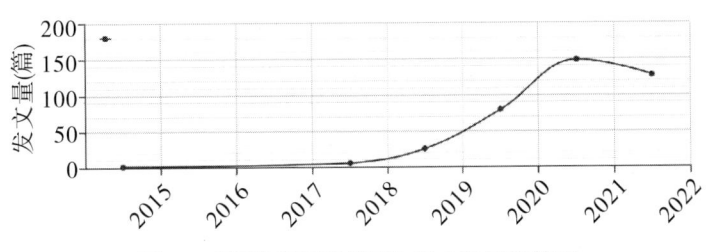

图1　"经济学课程思政"发文数量趋势图

资料来源：中国知网

通过分析当前相关文献的主要关键词（见图2），我们发现大多数文献以课程思政为基础，探讨思政建设与思政教学。也有文献结合经济学学科的不同专业方向，例如从政治经济学、西方经济学、微观经济学等角度，探讨不同的实践模式及侧重点。本文主要对于课程思政的具体内涵、重点内容及如何融入经济学教学实践的文献进行梳理，并进行总结评述。

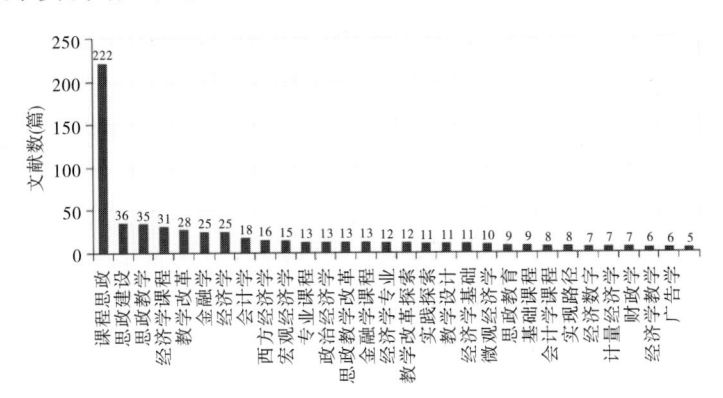

图2　"经济学课程思政"发文主要关键词

资料来源：中国知网

二、课程思政内涵及重点内容的相关研究

（一）课程思政的内涵

靳卫萍等（2020）认为开展课程思政是将思想政治教育融入专业课程教学，从而坚定学生的政治立场，引导学生热爱党、热爱社会主义，帮助学生塑造正确的"三观"，为其今后长期发展打牢基础。

刘鹤（2019）指出课程思政是一种新的教育理念和课程观，需要以立德树人为导向，以坚定的政治方向为核心，以明确的德育内涵和德育元素为主题，为学生健康成长提供价值引领和精神滋养。

王万光（2019）从课程思政模式、课程思政目标以及课程思政路径这三方面阐述经济学课程思政的具体内涵，即它是以课程教学与思政教育相结合的教育模式；它以正确塑造、发展学生"三观"为重点，实现立德树人的长期目标；它以新时代中国特色社会主义为导向，构建差异化、多样化、全面化的实践路径。

（二）课程思政的重点内容

成桂英等（2019）梳理了课程思政绩效考核的原则，体现了课程思政需关注的重点。一是坚持政治方向正确、旗帜鲜明原则，推动马克思主义中国化的最新成果深入人心；二是要注重育人自育兼顾，课程思政需具有"育人"和"自育"两大功能；三是思政与育人相长，需做到将党的理论创新成果与各学科专业理论知识有机融合，达到"润物细无声"的育人效果。

刘杨等（2022）从创新经济学课程思政设计出发，提出要突出"学生中心"理念，有效利用信息技术，教学活动引导学生开展自主学习、主动学习，回答好"为什么""讲什么""如何讲""如何评"四个问题。因此，课程思政应重点关注初期的核心思想、中期的培育过程以及后期的绩效评价等内容。

孙亚男等（2019）从培养高校人才的角度明确了课程思政的目标包括：首先要培养学生坚定的政治方向与深厚的爱国情怀；其次要注重培养学生们的社会责任感与职业道德；最后还要引导学生具有积极乐观的人生态度，提升学生的抗挫能力。

通过对课程思政内涵及重点关注内容的梳理可以发现：传播弘扬马克思主义科学理论是课程思政的根本目标；聚焦用好课堂教学主渠道，结合课后环节

双渠道是有效环节；促进教书与育人相统一则是课程思政的核心支撑。经济学课程思政要注重在教学与研究的全过程中紧密联系马克思主义理论，将价值观培育融入课程中，从而凸显育人价值。

三、课程思政如何融入经济学教学实践的相关研究

在关于当前课程思政如何融入经济学教学实践方面，学者们通常基于不同经济学专业方向进行研究。

马艳艳（2019）针对经济学原理课程思政提出"调整教学内容、创新教学方法、完善评价机制"三位一体的实现路径，并强调发掘专业课程中蕴含的思政教育资源，在传授知识的同时实现价值引领。

储丽琴等（2019）结合微观经济学教学，指出其课程思政的目标一方面是让学生熟悉中国特色社会主义经济运行的基本规律；另一方面是在学习微观经济学传统理论的基础上，完善学生活用经济学思想理解、分析问题的视角、观点、方法。

吴万宗等（2018）主要基于宏观经济学课程的教学案例，运用马克思的唯物史观，多维度比较中外的宏观经济发展历程，强调"比较式"案例教学方法的有效性，尝试对课程思政建设提供一个可行的框架。

朱文蔚（2019）进一步强调了重构宏观经济学"思政"的教学设计，需要仔细挖掘课程内容中的"德育元素"，如分析综合国力时分析展示我国自1978年至今的规模变化及增长速度，从而激发学生爱国之情。

茆晓颖（2021）探究了财政学课程思政的改革模式，并强调了当前财政的治理功能的多样性以及涉及学科的交叉性，因此应该遵循实事求是、突出重点和注重实效的原则，开展课程思政实践。

张翼（2019）基于计量经济学课程特点提出了计量经济学课程思政的实现方式：一是教学内容实现。由于计量经济学需要大量外部资料，因此在使用相关教学资料之前可以就是否体现课程思政基本价值导向进行判断。二是教学实现。在教学环节要注重事例的价值引导，这也是教育者需要关注和提升的环节。三是教学设计。虽然计量经济学的主要知识点是使用计量方法及操作，但是可通过合理有效的教学设计开展课程思政。

卢晨（2019）基于国际经济学课程内容及案例，针对相关知识点所体现的思政元素进行了分析与挖掘，强调由于国际经济学的研究对象是国家和国家之间的经贸关系，因此在教学过程中要首先注重国际性理念，在课程思政的过程

中可注重培养学生们面向世界、胸怀祖国的情怀。

刘杨等（2022）强调从课程教学实际出发，实现"线上"+"线下"的融合式教学，同时在各环节中采取"任务驱动+师生、生生互动+案例教学"结合的教学方法。

马艳艳（2019）从教学环节的关注重点出发，指出在课堂内，要注重专业及思政知识传播的有效性；而在课堂外，要引导学生在社会实践中应用经济学理论知识。

高千惠（2019）从教学具体方式出发提出了可进行实践的教学方法，分别是多媒体教学法、研讨互动式教学法、一般讲解式教学法、专题式教学法和案例教学法。

毕晶（2020）则从保证课程思政效果出发，强调在课程开始至结束的各个环节都应制定具体实施方案，同时还需构建完善的考核体系。

四、小结与评述

通过梳理"经济学课程思政"已有文献，总结如下：首先，关于课程思政具体内涵，不少学者都有较为明确的阐释，这为开展课程思政打下了良好基础；其次，有学者已经认识到经济学课程开展课程思政的重要性及必要性；再次，关于如何将课程思政融入经济学专业教学实践也有了一定研究，且结合不同的经济学专业方向，有学者探索出了许多实践方法。

然而，由于当前该研究主题处于初期发展阶段，从文献数量来看，将"课程思政"与经济学专业教学实践相结合的文献数量还不够丰富。未来随着不断地研究与实践探索，关于经济学课程思政的研究会更加丰富，经济学课程思政建设体系也将不断完善。

参考文献：

[1] 靳卫萍．经济学原理课程思政的初步实践［J］．中国大学教学，2020（Z1）：54-59．

[2] 刘鹤，石瑛，金祥雷．课程思政建设的理性内涵与实施路径［J］．中国大学教学，2019（3）：59-62．

[3] 王万光．西方经济学课程思政建设问题初探——西方经济学课程教学中的价值观导向问题及其课程思政教学设计［J］．大学教育，2019（8）：138-140．

[4] 成桂英,王继平. 教师"课程思政"绩效考核的原则和关注点[J]. 思想理论教育,2019(1):79-83.

[5] 刘杨,童冠群. 基于课程思政与中国案例融合的经济学教学创新设计[J]. 现代商贸工业,2022,43(10):194-195.

[6] 孙亚南,王兴芬,张月. 高校经济学"课程思政"教学改革创新的重大意义与实践指向[J]. 教育观察,2019,8(31):128-130.

[7] 马艳艳,任曙明."经济学原理"课程思政教育实现路径探索[J]. 黑龙江教育(高教研究与评估),2019(8):1-3.

[8] 储丽琴,孟飞.《微观经济学》课程思政改革路径研究[J]. 时代经贸,2019(34):102-103.

[9] 吴万宗,潘瑞姣."比较式"案例教学方法在课程思政建设中的应用——以《宏观经济学》课程为例[J]. 创新创业理论研究与实践,2018,1(16):15-16.

[10] 朱文蔚.《宏观经济学》课程"思政"的探索与实践[J]. 湖南科技学院学报,2019,40(9):71-72.

[11] 茆晓颖. 新文科背景下"财政学"课程融合思政元素的改革探索[J]. 教育教学论坛,2021(1):78-81.

[12] 张翼,张禹. 课程思政对经济学专业课程的内涵要求与实现路径分析——以《计量经济学为例》[J]. 中国多媒体与网络教学学报(上旬刊),2019(7):67-68.

[13] 卢晨. 课程思政融入经济学专业课程教学的探索——以《国际经济学》为例[J]. 当代教育实践与教学研究,2019(7):164-165.

[14] 高千惠."课程思政"视阈下高校经济学课程教学改革探索[J]. 教育现代化,2019,6(8):28-30.

[15] 毕晶. 构建"课程思政"的"三位一体"——以《经济学》课程为例[J]. 山西财经大学学报,2020,42(S2):57-60,71.

因时而进，因势而新：
关于经济学课程思政的思考

廖静文[①]

摘 要：全面推进课程思政建设，就是要寓价值观引导于知识传授和能力培养之中，帮助学生塑造正确的世界观、人生观、价值观，这是人才培养的应有之义，更是必备内容。"课程思政"资源开发必须以马克思主义理论为指导，运用可以培养大学生理想信念、价值取向、政治信仰、社会责任的题材与内容，进一步融入社会主义核心价值观，全面提高大学生缘事析理、明辨是非的能力。因时而进，因势而新，才能不断提升思想政治教育的亲和力和针对性，真正满足学生成长发展需求和期待。

关键词：课程思政；经济学；案例分析

根据教育部印发的《高等学校课程思政建设指导纲要》，全面推进课程思政建设，就是要寓价值观引导于知识传授和能力培养之中，帮助学生塑造正确的世界观、人生观、价值观，这是人才培养的应有之义，更是必备内容。作为一名新进入教育行业的青年预备教师，笔者认为在设计和实施课程思政具体方案之前，应首先自我学习和梳理课程思政相关的目标、内容和意义，再将正确的价值观渗透到教学过程中的点点滴滴。以下是笔者在备课期间对课程思政相关知识的梳理。

首先，经济学的课堂不能缺少对经济思想产生、发展历史的研究。工业革命摧毁了传统的农业—乡村—手工业经济的模式，机器的发明使劳动者受剥削程度提高，大多数资本所有者顽固地坚信古典主义的观点，激化阶级矛盾，为社会主义思潮的兴起添加了额外的力量。1848年《共产党宣言》的发表，标志着科学社会主义的诞生。从此之后，它承载着空想社会主义者对理想社会的

[①] 廖静文，四川大学经济学院助理研究员。

美好设想，创建唯物史观和剩余价值学说，揭示人类社会发展的一般规律，解释资本主义运行的特殊规律，为人类指明从必然王国向自由王国飞跃的途径，为人民指明实现自由和解放的道路。在《共产党宣言》中，马克思和他的合作者恩格斯指出："代替那存在着阶级和阶级对立的资产阶级旧社会的，将是这样一个联合体，在那里，每个人的自由发展是一切人的自由发展的条件。"[①]这一精辟的概括，揭示了未来共产主义社会的本质。社会主义500多年的历史和发展，印证了人类追求美好社会的铿锵脚步，印证了无产阶级为推翻不公正不合理的剥削制度、求得自身解放和全人类解放的不懈奋斗，印证了人类文明进步的方向，印证了社会主义美好社会就是未来。

目光回到我们身处的这片土地，中国共产党正带领着千千万万中国人民向着中华民族的伟大复兴前进，向着美好的社会主义社会和共产主义社会前进。1921年，中国共产党诞生，带领一个曾经经济文化极其落后、处于半殖民地半封建社会的东方大国，完成民主革命，实现国民经济恢复，消灭延续几千年的封建压迫制度，建立起相对完整独立的工业体系和国民经济体系。1978年，中国共产党确立"以经济建设为中心，坚持四项基本原则，坚持改革开放"的基本路线，实现了从生产力相对落后的状况到经济总量跃居世界第二的历史性突破。党的十八大以来，在党中央的团结领导下，如期打赢脱贫攻坚战，如期全面建成小康社会，实现第一个百年奋斗目标，开启全面建设社会主义现代化国家，向第二个百年奋斗目标进军新征程。坎坷一百年，风风雨雨，中国共产党始终坚守着自建党以来的初心和使命："就是为中国人民谋幸福，为中华民族谋复兴。"中国共产党第十九次全国代表大会修订的《中国共产党章程》规定："中国共产党是中国工人阶级的先锋队，同时是中国人民和中华民族的先锋队，是中国特色社会主义事业的领导核心，代表中国先进生产力的发展要求，代表中国先进文化的前进方向，代表中国最广大人民的根本利益。"[②]

当代经济学专业的大学生，应该看清社会发展的方向，应该树立共产主义远大理想和中国特色社会主义共同理想，增强"四个自信"，要实现完整精神与独立人格成长，增强是非辨别能力、选择能力、美丑鉴赏能力等，兼具重要的"政治素质"与"人本素质"，在学习、生活及未来工作中有效实现人生价值，成为德智体美劳全面发展的社会主义建设者和接班人。在当今国际环境以西方经济学为主导的经济学领域，讲好中国故事，传播好中国声音，展示真

---

① 马克思，恩格斯：《共产党宣言》，人民出版社，2018年，第51页。
② 《中国共产党章程》，人民出版社，2022年，第1页。

实、立体、全面的中国，其重要性毋庸置疑。以产业经济学课堂为例，如讲授身边的产业经济现象部分，引入2016年林毅夫与张维迎有关产业政策有效性的论战，指出基于中国产业经济发展所形成的中国经济理论，在以西方经济理论为主的经济学体系中也应该有一席之地，强调理论分析要结合实际，要灵活运用现有理论对现实问题进行分析，激发学生的国家自豪感和责任感。再比如在讲授研发创新部分，加入中国研发投入占比等指标与世界主要发达国家之间的比较，从而强调基础研究在一个国家产业经济发展过程中的重要地位。

以下是经济学教学中课程思政的一个例子。生猪养殖产业关系到中国老百姓每一天的生活。值得注意的是，受非洲猪瘟影响，猪肉供不应求，2020年10月猪价创下年度和历史新高，行业处于暴利阶段，而仅仅数月后的2021年第二季度，生猪供应达到2017及2018年同期水平，猪价继而进入大周期下降通道，生猪养殖利润明显变薄。直至2022年，猪价早已跌破成本价，生猪养殖企业或农户出现大面积亏损。

传统西方市场经济理论认为，影响产品市场价格的主要因素是供需关系。基于上述理论，猪肉价格大涨，是由于2018年非洲猪瘟大面积暴发，严重影响生猪存活率，2019年生猪出栏量骤减，供求关系失衡，生猪价格上涨，猪肉价格水涨船高。表面看来猪价回落一方面是因为2020年以来，猪病得到有效控制，存栏量快速恢复。另一方面，因2019年高价所致的高利润表象，吸引一大批新的养殖户进入市场，大企业更是快速扩张，2020年出栏量报复性反弹。但真的如此吗？为什么在工业品市场这种现象较为少见？

自由竞争市场能够充分实现价格机制，但每个企业都是价格的接受者，企业规模都较小，无法实现规模经济效应。相对而言，工业企业由于面对垄断性更强的市场结构，其规模经济效应显著，行业中大、中、小企业保持合适的比例结构。此外，由于农产品市场规模相对较小，养殖户可快速进入市场，分享周期红利。之所以大小企业能快速恢复产能，其中背后的原因是非洲猪瘟暴发后，国家相关部门对生猪养殖生产倾斜政策，除财税方面的补贴外，还加大了生猪养殖用地的支持力度。大型养殖集团产能才能持续扩张，不少主营业务为其他的企业也纷纷跨界养猪。

类似猪病一类的不可控外界因素，会导致猪肉价格大幅度上涨，拉高消费者物价指数，降低老百姓生活质量。如果没有政府对市场进行监管并及时出手救市，仅由市场自我调节，供需恢复平衡还需要一个很长的周期。市场不是万能的，适当的政府监管，政府对宏观经济的适度干预是必须的。首先，在学习过程中，一定要理论联系实际，要有"质疑权威"的精神；其次，西方所推崇的市场经济并非能够解决所有问题，政府在经济和社会发展中的适度规划和干预，能够很好地弥补和修正市场经济的内在问题和缺陷。当前中国实行有计划的市场经济政策，具有鲜明的时代特色，而且已经被理论和实践证明是高效的，因此要有充分的文化和制度自信，要向世界讲好中国故事。

西方理论认为，自由竞争的市场结构能够实现帕累托最优，达成资源和要素的最优配置，因此自由竞争的市场经济能够实现社会福利最大化。该理论强调市场经济是万能的，政府对经济和产业的干预是无效的。但事实上，现实的经济和产业中不乏市场失灵的现象。因此，可引导学生认识西方理论对现实解释的缺陷，强调适当的政府干预、一定程度的市场垄断的必要性。树立学生对西方理论理性看待的学习态度，防止出现"拿来主义"，要将西方理论与中国实际相结合，将理论学习和实践结合。

总而言之，课程思政不是简单地用西方理论解释中国现象。作为经济学领域的教师，我们应充分发掘各学科蕴含的思想政治教育资源，完善思想政治教育的课程体系建设。课程思政资源开发必须以马克思主义理论为指导，运用可以培养大学生理想信念、价值取向、政治信仰、社会责任的题材与内容，进一步融入社会主义核心价值观，全面提高大学生缘事析理、明辨是非的能力。因时而进，因势而新，才能不断提升思想政治教育的亲和力和针对性，真正满足学生成长发展需求和期待。

政治经济学原理教学中关于课程思政的思考

骆 桢[①]

摘 要：政治经济学原理是经济类本科生的基础课程，主要介绍以马克思为主的经典作家的基本理论，其研究的对象是资本主义经济制度及其矛盾关系和经济规律。在讲授这部分内容的时候，既要联系资本主义经济的历史和现实，分析其历次经济危机的根源和当前经济发展的困局；同时也要引导同学们认识到中国特色社会主义市场经济条件下，通过"党领导经济"对市场主体行为的塑造，通过党组织和公有制的作用形成新的市场规律，可以超越市场经济的矛盾运动，实现中国经济的持续增长和人民生活的不断改善。

关键词：政治经济学；课程思政；市场经济规律

政治经济学原理是经济类本科生的基础课程，主要介绍以马克思为主的经典作家的基本理论，其研究的对象是资本主义经济制度及其矛盾关系和经济规律。在讲授这部分内容的时候，既要联系资本主义经济的历史和现实，分析其历次经济危机的根源和当前经济发展的困局；同时也可对照说明，我国在有中国特色的社会主义市场经济条件下，是如何推进改革，促进生产力发展，实现经济的长期增长和人民生活水平的不断改善的。

比如，从宏观经济和经济增长的角度出发，西方主流宏观经济学建构在市场自发均衡的机制之上，抽象掉了市场经济的矛盾运动，因此，难以分析经济的内生不稳定性，既无法预测经济波动或危机，也难以说明中国经济的持续增长和中国宏观调控的有效性。马克思主义政治经济学则对资本积累和经济增长中的矛盾关系进行了系统分析。比如，在技术不变的情况下，资本积累会影响劳动力的需求，进而影响劳资分配。而劳资分配直接影响利润份额和资本积累本身，这就形成了"产业后备军周期"运动。但是，收入分配同时还会影响消

[①] 骆桢，四川大学经济学院副教授、硕士研究生导师。

费需求和剩余价值的实现，在一定条件下，"产业后备军周期"可能被打破或者形成复杂动态；此外，企业为了控制劳动过程，资本积累还会伴随着有机构成提高的趋势，这又会对上述矛盾运动产生新的扰动和趋势性影响。这些矛盾运动交织在一起，在不同的条件和时点可能体现出不同的宏观经济现象。同时，还应考虑宏观经济政策和外贸的影响。我们可以将这些关系呈现为图1。

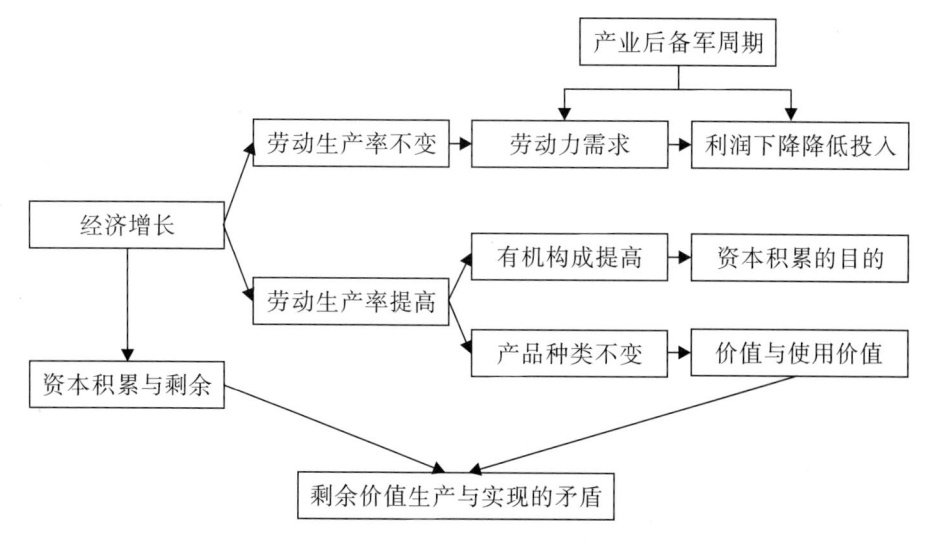

图1 经济增长的结构性矛盾体系

与市场经济的自发矛盾运动和被动调控不同，中国特色社会主义市场经济的增长是基于发展生产力和实现共同富裕的目标进行主动布局的。经济的长期增长本质上是依靠技术进步，提升生产力水平，提高劳动生产率来实现。不同的历史阶段有不同的技术进步模式，模式转换就需要对经济结构进行深度调整和改革。当然，调整过程中会出现市场利润率水平的改变和资本积累的不稳定，从而导致经济增长出现波动。但是，基于我国的体制优势，总能够通过深化改革和宏观调控解决相关问题，并推动经济的稳健发展。

对此，我们基于马克思主义政治经济学的基本原理对中国特色社会主义市场经济进行宏观经济分析的时候，就不仅仅要考虑公有制经济部门的作用，还应充分体现"党领导经济"的作用，以及对资本的驾驭和对市场经济矛盾的超越。比如，国有经济在经济波动时担负的宏观调控职能与跨周期的有效投资，科学推进技术进步和产业升级的国家创新体系，对民营资本的培育、引导和约束，金融市场的改革、规制和结构性货币政策手段，以及党对全国经济工作的统一领导和统筹协调机制等。这些因素可以通过构建政策函数，或者修改基础模型中变量之间的关系,限定相关参数的取值范围来进行量化的体现。

比如,我国确立社会主义市场经济为改革目标以来的经济增长不仅波动小,而且具有明显的阶段性特征(见图2)。这和不同阶段的改革和技术升级模式密不可分,也和资本主义经济波动有着本质性区别。

图2 实际GDP增长与劳动生产率提高的关系

数据来源:根据国家统计局网站计算

从经济增长率来看,1992年以来,我国的经济增长率大致分为三个阶段:1992—1998年,经济增长率逐渐下降;1998—2007年,经济增长率逐年上升;2007—2012年,经济增长率在波动中下降;2012—2019年,经济增长率总体平稳,略有下降。自1992年确立社会主义市场经济改革目标以来,实际GDP增长率与劳动生产率的增长率基本吻合。其中,早期阶段实际GDP的增长率高出劳动生产率增长率的部分代表就业的增加,但随着劳动年龄人口增长放缓和农村剩余劳动力完成转移,两者的差距越来越小。可见,中国经济增长的阶段性特征与技术进步模式转变有着紧密的联系。

因此,在政治经济学原理的教学过程中,可以引导同学们认识到中国特色社会主义市场经济条件下,通过"党领导经济"对市场主体行为的塑造,通过党组织和公有制的作用形成新的市场规律,可以超越市场经济的矛盾运动,实现中国经济的持续增长和人民生活的不断改善。

浅谈西方经济学课程中的思政教育

陈显娟[①]

摘　要：西方经济学是一门基础型学科，学生应该更加科学地认识"西方经济学"理论，厘清其科学属性及内容，将其与中国的国情相结合，使其为中国的经济和社会民生发展服务。西方经济学课程思政的重点在于，在教学过程中应该让学生理解中国和西方发达国家之间的经济特点以及差异，分析中国经济环境的独特性。同时，通过思政提高学生的思想水平，增强学生社会责任感，使学生树立正确的世界观和价值观，将所学的西方经济学理论与中国实践结合起来解决中国的现实经济问题，为实现中华民族伟大复兴的中国梦贡献力量。

关键词：西方经济学；课程思政；比较研究

2016年12月7日，习近平总书记出席全国高校思想政治工作会议并发表重要讲话，为高校思想政治工作提供了根本遵循，指明了前进方向。习近平总书记强调："要坚持把立德树人作为中心环节，把思想政治工作贯穿教育教学全过程。"要用好课堂教学这个主渠道，"守好一段渠、种好责任田，使各类课程与思想政治理论课同向同行，形成协同效应"[②]。西方经济学是我国高等院校经管类专业本科学生普遍必修的核心课程之一。作为一门研究人的选择与行为的学科，其中的一些理论和方法在西方适用，对我国社会主义市场经济发展也有一定的借鉴作用。因此，如何充分利用这门课程进行思想政治教育，在教学过程中恰到好处地融入思想政治教育，对于培育中国特色经济学人才的，建设中国特色社会主义经济学理论体系具有重要意义。

中国高等院校普遍设立的西方经济学课程是经管类专业的核心基础课程之

[①] 陈显娟，四川大学经济学院副研究员。
[②] 全国高校思想政治工作会议12月7日至8日在北京召开，中国政府网：www.gov.cn/xinwen/2016-12/08/content_5145253.htm.

一，作为经济学的重要分支之一，主要包括微观经济学和宏观经济学两部分。

微观经济学以资源的稀缺性为起点，主要研究单个消费者、单个生产者在单个市场结构下如何进行互动并发生经济选择，在此基础上以价格理论为中心理论，讨论西方经济的市场机制、资源配置以及政策冲击等方面的问题。微观经济学课程思政的目标是要实现中国经济发展与微观经济学内容的充分融合，需要使用微观经济学的一些具体的理论，结合中国的经济现象和现实问题，以通俗易懂的讲解方式使学生们能够学以致用。比如，西方经济学理论中经典的"机会成本"概念具有普遍性和一般性，可以从经济学的角度来重新审视我们生活中的一些日常现象。中国有句谚语"天下没有免费的午餐"，这句话正是"机会成本"的现实体现。以现实生活为例，当父母请我们出去吃了一顿丰盛的午餐，虽然我们自己没有出钱，但是从经济学的角度来看，我们仍然为这个行为付出了经济成本，而这个成本就是"机会成本"。其价值就是你"与父母吃午饭"的这个行为的最优备选方案，可能是与朋友聚会，在宿舍睡觉，在咖啡厅打工或者是学习。因此，在教学过程中，应考虑微观经济学中在中国的适用性，将其中抽象概念与中国的文化传统和价值观相结合，激发学生的主观能动性，引导学生实现教育与教学的有机统一。

而宏观经济学研究整个经济的行为和表现，它侧重于经济的总体变化，如失业率、增长率、国内生产总值和通货膨胀。因此，宏观经济学分析总体指标和影响经济的微观经济因素。西方的政府和企业以西方宏观经济学为基础，建立模型来帮助制定经济政策和战略。宏观经济学课程思政的重点在于在掌握宏观经济学基本理论的基础上，密切结合中国宏观经济发展的特点，以经济学的眼光看待现实中的宏观问题。比如，在讲解GDP与GNP的时候，结合中国的具体数据，了解我国经济运行的现实情况，讨论我国经济总量的构成部分以及其变化情况。结合实际数据，使学生对GDP的四个组成部分——消费C、投资I、政府购买G和净出口NX产生具象的理解。在理解宏观经济变量定义的基础上，开拓学生思考分析问题的能力。比如，对比不同国家的GDP组成部分，讨论中国的经济特点。比如相对而言，我国是不是"出口依赖型"国家，其优势和劣势在哪里？此外，还应对学生的个人责任和社会责任进行引导，作为大学生如何通过知识、能力和素质的提高推进我国的经济以及社会进步。

在课程设置上，主要采用互动的教学方式，通过创造性问题解决的方法，将课程围绕三个成分六个阶段展开：

成分一：了解问题——发现困境、寻找资料、发现问题；
成分二：激发点子——提出想法；
成分三：解决问题——寻求解答、寻求接受。

图1为教学活动流程图。首先，将经济学某单元概念结合时事与现实，通过一个具体系统的描述性问题，引导学生发现困境、寻找资料、发现问题。其次，结合所学的经济学知识，以自己的语言和认知来构建经济概念，激发点子，鼓励开拓思维，发挥创造力。再次，以经济学原理为工具寻求答案，对比不同的解决方案，讨论利弊，最后选出最优的解决方法以及寻求接受。

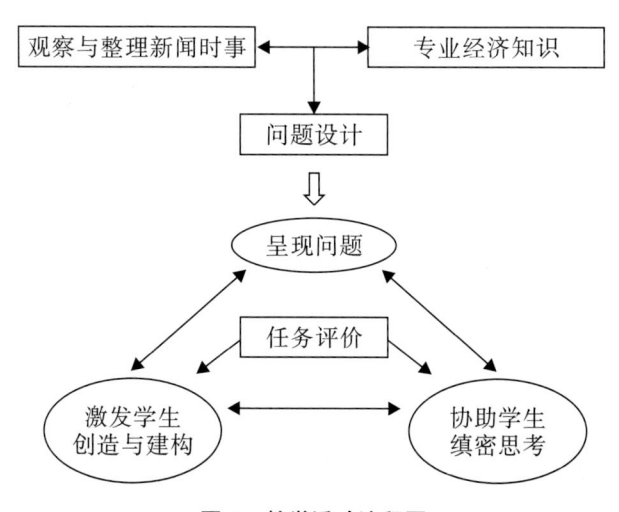

图1 教学活动流程图

目前，在教育部印发的《高等学校课程思政建设指导纲要》文件指导下，全国高校正在不断推进课程思政建设。西方经济学是一门基础型学科，学生应该更加科学地认识"西方经济学"理论，厘清其科学属性及内容，将其与中国的国情相结合，使其为中国的经济和社会民生发展服务。因此，对该课程进行课程思政建设就显得非常必要。其重点在于，在教学过程中应该让学生理解中国和西方发达国家之间的经济特点以及差异，分析中国经济环境的独特性。同时，通过思政提高学生的思想水平，增强学生社会责任感，使学生树立正确的世界观和价值观，将所学的西方经济学理论与中国实践结合起来解决中国的现实经济问题，为实现中华民族伟大复兴中国梦贡献力量。

参考文献：

[1] 储丽琴，孟飞.《微观经济学》课程思政改革路径研究 [J]. 时代经贸，2019 (34)，102－103.

[2] 章丽群. 宏观经济学课程思政教学改革探究 [J]. 对外经贸，2018 (9)：152－155.

高校经济类课程融入课程思政教学的实践路径
——以环境与资源经济学为例

陈晓兰[①]

摘　要：课程教学融入思政元素是新时代中国高等教育改革的重要举措。文章以环境与资源经济学为例，讨论了高校经济类课程进行课程思政的必要性，并围绕教学目标、学情分析、教学实现对环境与资源经济学的课程思政进行讨论，最后给出了几个具体的思政教育案例。

关键词：课程思政；环境与资源经济学；教学改革

正所谓教育兴则国家兴，教育强则国家强。实现中华民族伟大复兴梦和中国的可持续发展，最根本的保障与最重要的资源是人才。高校作为国家培养高层次人才的重要阵地，肩负着科教兴国与人才强国的重任。自 2016 年全国高校思想政治工作会议以来，习近平总书记多次阐释教育的根本任务，将为谁培养人？培养什么人？怎样培养人？这三个直击灵魂的重要问题摆在了每个教育工作者的面前。2020 年 5 月，教育部印发《高等学校课程思政建设指导纲要》，提出要"全面推进高校课程思政建设，发挥好每门课程的育人作用"。课程思政作为落实立德树人任务的关键途径，成为新时代中国高等教育提质增效的新助力，同时对高校教师提出了更高的要求，为专业课程建设增加了新的价值观维度。

首先，需要清醒地认识到，思政教学并不是一个政治任务或者无趣生硬的规定动作，也不是思政课的专属特权。专业课的课程思政是对课程的深化、升华与拓展，它的加入使得专业课从单纯的"讲知识"的知识传授层面提升到能够培养出有品行、有知识、有能力、有品位的学生的更高全方位育人的高度，因此其实是扩展了专业课的深度与维度。其次，要走出实践的误区，对课程思

[①] 陈晓兰，四川大学经济学院副教授、硕士研究生导师。

政的实现手段进行充分的思考。专业课的思政元素加入可以从国家、社会、人格、智力等多个层面结合课程特点进行挖掘，从实践维度上融入课堂教学的各个环节。课程中往往蕴含着大量的思政教育资源，需要教师结合课程本身的知识点，沉下心做教学设计，在专业教学目标和思政目标的共同指导下，通过适当的方法把思政教育融入教学过程。以下以环境与资源经济学为例进行专业课课程思政的教学探讨。

一、环境与资源经济学课程思政的必要性

环境与资源经济学是一门经济学与环境科学等多学科相互交叉、有机结合所形成的新兴交叉学科。环境与资源经济学从经济学的视角出发，利用经济学的基本理论和分析工具，讨论与分析环境问题的产生原因，研究经济发展与环境保护之间的相互关系，解决环境相关的资源配置问题。当前，气候变化与各种资源衰退、环境污染问题受到国内外社会各界的关注，在这样的背景下，尤其是在坚定不移践行新发展理念，推进生态文明建设的中国，环境与资源经济学课程是对大学生进行可持续发展教育的窗口，同时也是培养具备资源环境保护相关理论知识与实践能力的人才的阵地。环境与资源经济学的课程体系天然地具有课程思政的特点，涉及的绿色经济、循环经济、可持续发展等均为社会主义核心价值观，课程思政的融入一方面使得课程知识体系的架构更加严密；另一方面可以帮助学生更好地理解习近平总书记提出的"绿水青山就是金山银山"和"山水林田湖草沙冰生命共同体"等重要论断，以及"碳达峰、碳中和"等国家战略，从而使得课程培养目标得以顺利实现。

二、环境与资源经济学的课程思政教学实践

（一）"三位一体"教学目标的设立

经济学专业的培养目标是培养拥有国际视野与经邦济世情怀，经济理论基础扎实，知识宽厚，能熟练运用现代经济分析工具，具备较强的经济分析与解决实际问题的能力，具备强烈的创新意识和较强的创新能力的复合型人才。考虑课程思政教学的教学目标应符合"知识传授""价值塑造"和"能力培养"

"三位一体"的设计理念,至少要设立专业培养的知识和能力目标以及思政目标两层目标。

1. 课程整体专业培养目标

知识上,学生通过课程学习,充分了解环境与资源经济学这一新兴交叉学科的总体框架和最主要的研究动态,掌握相关的基本理论知识、主要研究方法和最新研究前沿。能力上,通过紧扣环境资源热点问题,培养学生应用经济学理论分析和解决环境相关问题的实践能力。最终实现学生可以运用其分析、评价、讨论相关社会问题,可以应用主要环境经济政策的原理与设计机制评价相关政策设计或提出问题的解决方案。

2. 课程思政目标

培养学生的学习兴趣与热情,帮助学生建立正确的经济发展观、世界观与价值观,树立学生保护自然资源、走可持续发展道路的新发展理念,培养学生的社会责任感和历史使命感,增强对学生的科学伦理教育,激发学生的家国情怀和使命担当,引导他们主动运用所学知识解决现实生活、经济发展中出现的环境问题,为生态优先、绿色发展的新时代美丽中国的建设发展贡献力量。

(二)环境与资源经济学融入课程思政的学情分析

本课程的主要授课对象为经济学专业本科三年级的学生。生态优先、绿色发展的理念已经是中国新时代的发展理念,在此背景下学生对于本课程是充满好奇的,但是他们不具备环境科学的教育背景,没有主动观察与分析环境资源问题的意识与知识储备,更从来没有试图和经济理论联系在一起去思考过。因此教学中需要通过课前课后的引导、课间现实案例的介绍,让学生实现从理论到实际的思维链接,并且通过引导的方式让学生悟到"环境资源问题—经济学—思政价值引领"之间的关系。

环境与资源经济学的课程教育内容与思政教育是息息相关的,课程思政元素的融入需要巧妙,当隐性课程思政元素的融入太困难时,尤其需要及时通过观察学生反应及时调整现场方案,保证思政元素的传达效果。

(三)环境与资源经济学融入课程思政的教学实现

思政教学的方法可以从价值观引领、家国情怀和学科视野等方面进行。即,只要是可以挖掘出"做人做事的基本道理、社会主义核心价值观的要求、实现民族复兴的理想和责任、科学研究的态度与方法"等思政教育元素的教学素材,都可以经过精心设计融入课程教学安排中,从而实现"三位一体"的教学目标。但是，不能在一节课内试图融入太多的思政元素，也不能一味地强调输出，应该通过教学设计潜移默化地让学生进行体会，通过合适的点题进行价值引导。

环境与资源经济学的课程思政实现方式主要有以下几种。

第一，教学内容精选，从内容上保障价值引领。环境与资源经济学为西方经济学的分支，著名的教材和经典的课程案例都是国外的，近几年才陆续涌现了一些优秀的国内教材，但是依然存在一定的教材西化问题。不仅如此，环境与资源经济学的学科体系庞杂，内容丰富，涉及的知识点很多，显然无法一学期都讲完。因此，课程设计时首先以国内外多本经典教材为基础，筛选并优化课程内容，融入大量案例，通过文献查新扩展知识前沿，最终构成具有前瞻性、层次性和针对性的教学大纲，并且通过加入大量扎根中国大地的本土案例，一方面更好地融入核心价值观；另一方面增加了学生的"代入感"，有利于树立学生主人翁意识，培养人文关怀，从而保证整体价值引领的课程思政目标得以实现。

第二，多样化教学方式，培养学生科学精神与团队协作能力。授课采取"精学与自学相结合""线上与线下相结合""参与式研讨"的多元授课方式，更好适配基础知识、分析技能、知识应用三个不同层级的授课内容。通过学生的文献阅读、自主学习、研讨互动与团队合作，提高学生的科研能力、理论联系实际的分析能力和团队协作能力，全面加强他们的科学训练，促进科学思维的养成。

第三，考虑了思政元素的考评标准与考核方式的适应性改变。为了保证课程思政，考评的内容也应该做相应的调整。除了专业性知识外，还应该多角度对学生的思想品德与价值观进行考察。具体可以通过结合时事热点设计堂上小组讨论，进行课后分组案例研究，或通过设计蕴含思政元素的开放性考题让学生加强思考，各抒己见。

三、环境与资源经济学的课程思政教学案例

（一）课程节段：全球气候变化

过去的100多年，地球地表温度持续上升，给人类社会带来了巨大的影响与经济损失。全球气候变化的应对已经成为本学科非常重要的一个内容，甚至发展衍生出了气候变化经济学。2015年，世界气候大会在法国巴黎召开，诞

生了里程碑式的《巴黎协定》，为2020年后全球应对气候变化行动作出安排，终结了哥本哈根会议后的"减排裸奔时代"，确定了"国家自主贡献"的主基调。本节内容创新性地围绕公共物品理论来进行解读，同时从公共物品问题的角度将全球气候变暖的问题产生与应对全球气候变化的行为穿插起来，在应对全球气候变暖案例分析中引入各国对待二氧化碳减排的态度。围绕着《巴黎协定》，提出"为什么气候谈判步履艰难"等问题，引导学生联系之前学过的外部性论、公共物品理论和环境公平等相关的知识点，分析应对气候变化不利的原因，并讨论可能的对策。

思政教学设计：在课堂讨论中引导学生注意到3个重点事实，即各国在减排责任认定上的分歧；美国2020年11月正式退出《巴黎协定》，又于2021年2月重新加入《巴黎协定》；中国做出的碳减排和碳中和承诺，并作出相应的减排行动，完成了从被动到主动，从消极迎战到积极谋划，最终在这个最重要的全球环境治理舞台上成为领导者。引导学生感受中国作为一个发展中国家展现出来的大国担当。

（二）课程节段：可持续发展

可持续发展是环境与资源经济学中非常重要的一节。可持续发展已经是中国科学发展观的基本要求之一，是关于自然、科学技术、经济、社会协调发展的理论和战略，也是当前中国新时代发展理念的重要组成。因此本节内容的教学首先强调的是对该理念必要性的理解，只有明白为什么要提出可持续发展，才能深刻理解可持续发展的内涵和外延，才能贯彻执行可持续发展。在认可理念的基础上，课程围绕着"可持续发展不仅仅是理念，而是行动"进行进阶设计，强调"可持续发展不仅仅是国家的责任，而是关乎每一个个体的参与"，激发学生的家国情怀与使命担当。

思政教学实践：以斯坦福大学的可持续发展校园实践为案例，示范说明高校在可持续发展中的责任担当与角色使命，而后以小组研讨和组间分享的方式，鼓励学生思考、讨论并总结作为一名当代大学生在推动所在的群体乃至更大范围内的可持续发展实践中能够做的努力。引导学生建立使命感和正确的世界观与价值观，为生态优先、绿色发展的新时代美丽中国的建设发展贡献力量。

（三）非标准答案试题考核

结合《高等学校课程思政建设指导纲要》中的要求和本课程的特点，设计既能考查学生探究创新的能力，又能培养学生"经邦济世、强国富民"社会责任感和使命感的非标准答案试题，以培养学生的独立思考能力、创新能力、协作精神和社会担当能力。

例如，采取非标准答案试题作为期中考核，在讲授环境价值评估的意义及主要技术手段的基础上，设计包括"九寨沟的休闲游憩价值估算""成都市实现更多蓝天的经济价值"等多个学生能够产生共鸣且具备可操作性，同时兼顾灵活性与开放性的案例，引导学生深入思考如何利用掌握的知识与技能分析现实生活问题——"如何估算与环境质量或服务相关的经济价值"，以分组作业的形式让学生撰写项目申请书。本教学设计考查学生对所授相关知识、技能的掌握情况，也考了学生的探究、创新和协作能力，利用这些能够引起共鸣的真实案例，让学生更深刻地理解"绿水青山就是金山银山"的理论，真正起到激发学生学习积极性与思维创造性的作用，从而更深入思考绿色发展观，实现"经邦济世、强国富民"的学科愿景。同时通过规范的项目申请书模板，引导学生进行规范的科学研究。

四、总结

课程思政是新时代高校教育教学改革的重要举措，也是专业教师打磨和提升所教授课程的利器。环境与资源经济学因为其独特的课程体系与授课内容，在专业课程思政建设上具有得天独厚的优势。为了更好践行以思政建设为抓手推动专业课程提升，未来努力的重中之重应该是资源库的建立和丰富。一方面，需要积累更多符合社会主义核心价值观的经典案例，建立起图片库、测题库、视频库、信息库、案例分析库等多个资料库；另一方面，应该结合交叉学科特点建设多学科优质资源库。

计量经济学课程思政建设的思考

曹 翔[①]

摘 要：计量经济学课程思政是经济学专业思政的应有之义，文章在分析课程思政的内涵和计量经济学课程教育现状基础上，提出了坚持一个建设目标、巩固两个建设路径、落实三条建设思路的课程思政建设思考，以期实现计量经济学知识传授、能力培养与价值思想塑造的有机统一。

关键词：思政教育；计量经济学

一、课程思政的内涵

课程思政是时代发展的要求，是课程教学理念在新时代的创新与升华，是专业思政的基础。在 2016 年全国高校思想政治工作会议上，习近平总书记提出了提高学生思想政治素质的明确要求，强调要教育引导广大学生正确认识世界和中国发展大势，正确认识中国特色和国际比较，正确认识时代责任和历史使命，正确认识远大抱负和脚踏实地[②]（虞晓芬，2022）。经济学专业思政要求以经济学专业为载体，根据专业人才培养特点和专业能力素质要求，提炼出专业所要求的核心价值，将之融通到专业人才培养全过程的专业建设中，而经济学专业思政需要以经济学专业各课程思政建设为载体，才能实现经济学专业人才培养的系统提升，成为高校立德树人的有机组成部分。

1998 年，教育部正式将计量经济学列为我国高等学校经济学门类核心课程之一，距今已有 40 多年的发展历程，在经济学研究范式发生改变后作用日

[①] 曹翔，四川大学经济学院特聘副研究员。
[②] 全国高校思想政治工作会议 12 月 7 日至 8 日在北京召开，中国政府网：www.gov.cn/xinwen/2016－12/08/content_5145253.htm。

益凸显，对于经管专业课程培育学生经世济民具有重要作用（洪永淼，薛涧坡，2021）。

二、计量经济学课程教学现状

目前计量经济学教学重点更多地被放在了理论方法和上机操作上，因此相应的教学关注点主要集中在对课程知识的理解、方法的运用以及回归结果解读上，而并未将课程中的思政建设作为另一个重要的教学目标。但是，这并不意味着以理论和方法作为主要内容进行的计量经济学课程设计并非没有任何思政建设基础，课程在讲授时，也不乏思政建设的元素。比如对宏微观经济领域中的各种问题进行数量分析，从中外对比的宏观角度分析经济发展差距，帮助学生认识到我国经济发展取得的成就和面临的问题；从微观角度探讨受教育水平对工资报酬的影响，引领学生树立正确的人生观和价值观。这些内容为该课程完善开展思政建设奠定了一定基础，经过整理和提炼可以形成较为系统的计量经济学课程思政建设方案。

三、计量经济学课程思政建设的方案

在计量经济学授课中，要求学生具备一定的数理统计和经济学基础知识，除了介绍计量经济学的模型、方法与工具外，还进行了统计软件程序实现数据处理、模型回归、统计检验的操作教学，并将定性分析和定量分析相结合运用经济理论解释实证结果（洪永淼，2021）。综合来讲，相对在这之前开设的微观经济学、宏观经济学和金融经济学三门专业核心课程，对学生的综合能力要求更高，因此不少学生反映计量经济学课程难度较高，讲授内容较抽象。在课时一定的情况下，如何兼顾计量经济学基础理论知识的讲授、知识的实操运用以及这门方法论课程的课程思政，是一个需要不断探索完善的过程，以下尝试提出课程思政建设的方案，以期落实立德树人的根本任务，增强新时代育人工作的责任感和使命感，实现经世济民的目标。

（一）坚持一个建设目标

无论哪一门课程，其思政建设目标都应该是实现知识传授与价值引领的有机统一，计量经济学也不例外。课程设计需要紧密结合计量知识与思政元素，课程内容安排和教学评价处处都要彰显社会主义核心价值观，涵盖品德、创新、公民责任感等多维价值标准，加强对习近平新时代中国特色社会主义经济思想的理论认同。在该建设目标下，通过反复阅读教材，借助参考文献对每一章节知识点进行思政元素的挖掘，然后根据本章提取出来的思政元素再确定该章节的思政建设主题。比如在经典线性回归模型的知识点讲解中可以融入"透过现象看本质"的思政元素，在假设检验知识点的讲解中可以融入"绝对真理与相对真理"的思政元素。此外，我们所观测到的经济现象背后往往蕴含着纷繁复杂的关联，如何从这些关联中识别内在、本质的联系，从而在模型中纳入重要解释变量，并确定相应指标，查找相应经济数据来分析解读经济现象的产生、发展与变化，是计量经济学研究因果关系的关键环节。在此基础上，又可以结合案例和文献来介绍目前流行的因果推断方法：工具变量法（Instrumental Variables，IV）、双重差分（Difference In Difference，DID）、断点回归设计（Regression Discontinuity Design，RDD）、倾向积分匹配（Propensity Score Matching，PSM）以及合成控制法（Synthetic Control Methods）等。

（二）巩固两个建设路径

计量经济学课程的思政建设应继续巩固课堂讲授和课下实践两个路径：课堂讲授环节应增加计量经济学理论与方法在具有思政元素的案例中的运用，课下实践环节应引导学生在实证分析中深化对授课知识内容的理解。在课堂讲授环节，在对本章理论知识进行讲解后，依托高质量实证论文和相关中国经济案例运用所学计量知识进行分析，对国家经济发展客观规律进行深入挖掘，探讨中国经济如何实现高质量发展，以数据事实提供的经验论据为正向价值导向提供支持，以积极的分析结论鼓舞人心。在课下实践环节，将论文导读与复现、创新训练和论文规范写作有机结合，引导学生搜集相关文件政策和研究数据，培养学生的信息检索能力、数据处理能力与实证分析能力，并且通过翻转课堂或个人作业过程考核形式对实践成果进行检验，实现启发式、互动式教学。以论文导读与复现环节为例，由教师规定或学生自主选择一篇发表在 8 个高水平 CSSCI 经济学来源期刊上的文献，学习文献的研究思路与行文过程，并通过复现文献图表的方式学习实证处理的步骤和实现方法，从而帮助学生将理论计量知识融会贯通，并掌握数据清洗和回归过程中的一些处理思路和技巧，为后续独立开展研究设计和论文撰写打下坚实基础。

(三) 落实三条建设思路

计量经济学的教学应秉承"讲懂理论知识""讲深相关方法运用"和"讲好现实案例"三条思路,主要教学内容包括"计量经济学的性质与经济数据""简单回归模型""多元回归模型"等八章内容,以及 Stata 软件上机操作和习题课,并在每一章都融入案例帮助学生理解和掌握基本知识。例如,将地方政府杠杆率、GDP、CPI 等数据融入第一章《计量经济学的性质与经济数据》,使学生对经济数据类型有深刻的理解与掌握;在第三章《多元线性回归分析估计》中,建立多元线性回归模型分析国家经济高质量发展的影响因素,使之与"在践行习近平新时代中国特色社会主义经济思想中推动经济高质量发展"的思政要点有机融入;在因果推断方法讲解中介绍双重差分法时,可以引入三孩政策,尝试从二孩政策的政策效果预测三孩政策的实施效果;介绍断点回归设计时,可以结合相关文献讲解其具体运用等。

此外,教师作为课程思政的实施者,应加强对自身以及学科育人职责的认识,强化内在价值认同,自觉提升自身的思想政治与道德素养,以身作则做好思想引导和行为示范,将立德树人根本任务贯穿教育教学全过程。同时,教师应重视课堂评价环节,自主定期与学生进行沟通,通过课堂问卷形式或课下交流形式积极收集学生反馈,了解学生对课程内容实施价值引领方面的评价,动态调整教学内容,提升学生对专业思政的获得感。除了学生端的反馈,还可以了解教师端反馈,主动邀请同一课程授课教师听课,或旁听其他教师开设的课程,交流授课感悟并虚心接受同行意见,便于同一专业课程的一体化思政建设。

课程思政建设是当前和今后一项长期持久的课题,也是今后每一代高校教师需要集智集策的历史使命。计量经济学作为经济学专业的核心必修课程之一,能带领我们更好认识经济世界,讲好经济故事。但现有经典教材中中国案例较少且原有案例中数据没有及时更新,在中国经济高质量发展转型过程中,还需要不断完善计量经济学的思政教育方案,要以习近平新时代中国特色社会主义思想为指导,才能更好应用于教学过程,培养堪当大任的经济学人才。本文提出的"坚持一个建设目标""巩固两个建设路径""落实三条建设思路"的课程思政建设思考旨在实现思政元素与专业知识的有机融合,将价值塑造、知识传授和能力培养三者融为一体,引导学生在课程学习中接受主流价值观念的熏陶,树立正确的世界观、人生观、价值观,为培养德智体美劳全面发展的社会主义建设者和接班人打好坚实基础。

参考文献：

[1] 虞晓芬，计伟荣，方学礼. 课程思政赋能高质量人才培养 [J]. 中国高等教育，2022（8）：37-39.

[2] 洪永淼. 理解现代计量经济学 [J]. 计量经济学报，2021（2）：266-284.

[3] 洪永淼，薛涧坡. 中国经济发展规律研究与研究范式变革 [J]. 中国科学基金，2021（3），368-375.

会计学课程思政的探索与思考

严 丰[①]

摘 要：将会计学课程教学与经济学本科专业培养同课程思政教育目标有机结合，是对会计课任课教师的要求，也是经济学本科专业会计学课程教学要完成的基本任务。

关键词：会计学；课程思政；教学体系

一、科学设计体现思政引领的会计学课程教学体系

（一）将会计学课程、经济学专业、思政目标相融合

1. 以思政目的为导向，设置会计学课程的教学目的

课程思政是为了实现立德树人，解决教育"培养什么样的人""如何培养人"的问题，其目标是为社会培养更多德智体美劳全面发展的人才，为中国特色社会主义培养合格的建设者和可靠的接班人[②]。

会计学作为大学本科经济学专业的一门专业基础必修课程，其课程目的设计理应与课程思政目的同向同行，将专业教育和思政教育有机结合起来，承担好"育人"和"育才"的双重责任，从价值塑造、知识传授和能力培养三个方面着手，使学生在会计学基础课程的学习中，不断增强学生作为德智体美劳全面发展的社会主义建设者和接班人的素质。

2. 将会计学课程教学目标融入经济学专业培养的目标体系中

在着力培养拥有国际视野与经邦济世情怀，既熟练掌握马克思主义政治经济学基本原理和方法，又熟练运用现代经济分析工具的复合型高级人才的经济

[①] 严丰，四川大学经济学院副教授。
[②] 中华人民共和国教育部：《高等学校课程思政建设指导纲要》，2021年5月28日。

学专业培养目标的实施计划中①，作为经济学本科专业基础必修课程之一的会计学，是一门经济理论与实践并重的课程，其蕴含的丰富思政元素，使其在经济应用理论的研究与教学中，在对学生经济管理能力的培养中，同时发挥着独特的作用。

围绕经济学专业的思政培养目标，将会计学这门专业基础课程的教学思政目标设定为：引导经济学专业的本科生，树立正确的人生观、价值观和世界观，掌握现代经济分析工具体系中的财务分析工具，成为具有强烈的法治意识、社会责任感和使命感，拥有现代会计素养和健全、高尚人格的会计信息的合格使用者，在经济研究与经济管理活动中，发挥其复合型高级人才的积极作用。

（二）制定体现思政要求的新会计学课程思政教学计划

现有的会计学课程教学计划，虽然也有思政的教学内容，但更强调传授学生用会计语言记录经济活动的程序和方法，以及培养学生理解会计方法背后蕴含的思想和逻辑，课程教学中的思政建设存在明显不足。

1. 立德树人的思政尚未覆盖会计学课程教学体系

基于经济学专业培养的需要，现有的会计学课程教学内容体系设计中，会计基础理论、会计法律与规范、会计职业道德等内容的教学思政有一定基础，但是在会计工具及其运用、会计信息生成过程以及企业主要经济业务核算等教学内容的安排中，教学思政内容较少或空缺。

2. 现有会计学课程教学计划中思政的引领作用发挥不够

其产生的原因，除了前面分析的会计学课程教学体系中，教学思政覆盖面不全外，还与下面的问题存在有关。

（1）现有课程教学中专业教育和思政教育的有机融合不够强。

例如，在讲授会计职业道德相关内容时，虽然用现实中的案例讲解了遵守职业道德的具体要求和意义，但部分学生认为那只是会计专业的人士需要学习与注意的，与他们将来从事的非会计专业的工作关系不大。

（2）现有课程教学中教学思政的力度与深度不够。

例如，在"会计的功能和作用"的教学中，虽强调了会计反映企业的受托责任，同时要满足财务报告信息使用者的决策需要的双重目标，但没有提升到党中央课程思政的要求——参与国家治理的高度进行教学。

---

① 四川大学经济学院官网，https://sesu.scu.edu.cn/gywm/jxdw1/jjx.htm。

（三）修订完善现有会计学教学计划，落实课程思政贯穿教学始终的要求

1. 充实现有会计学课程教学计划中思政教学内容

针对会计工具及其运用、会计信息生成过程，以及企业主要经济业务核算等现有教学计划内容中思政教学较少或空缺的现状，按照教育部发布的《高等学校课程思政建设指导纲要》精神，结合经济学专业的思政培养目标、会计学思政教学的要求，以及基础会计教育的特点，精心提炼教学计划这部分教学内容的思政要点，补充列入现有的教学计划。

2. 将课程思政融入教学的每一个环节

在会计学课程教学推进的过程中，在课堂上知识讲解、教学互动讨论，课下辅导，课后的作业完成与批阅，课程考试等每个环节，深入挖掘课程思政元素，找到思政元素的适时切入点，采用创新的思政教育方式，输入社会主义核心价值观，引导学生思考党和国家在中国当前社会经济发展中的重要作用，激励学生德技双修，成为品学兼优的人才。

二、会计学基础课程教学思政方案实施的安排

（一）全面提炼会计学课程教学体系中的思政元素

1. 在会计职能与目标理论教学中着力点燃学生"经世济民"的情怀

马克思阐述过经济越发展会计越重要的思想[1]。习近平总书记在党的第十九届中央纪委第四次全体会议上强调，要完善党和国家监督体系，要推动九大监督，有机贯通，相互协调。[2] 包括财会监督、审计监督在内的九大监督，已提升到参与国家治理的层面。

经济学专业的学生未来虽不一定是会计专业人士，但一定是国家经济建设和管理的新生力量，无论是企业的微观经济活动还是国家的宏观经济管理与研究活动，都需要学生很好地运用会计信息合理地决策，用良好的会计素养助力"经世济民"的理想实现。

---

[1] 马克思：《资本论》，人民出版社，2004年，第152页。
[2] 习近平：《一以贯之全面从严治党强化对权力运行的制约和监督　为决胜全面建成小康社会决战脱贫攻坚提供坚强保障》，《人民日报》，2020年01月14日，第1版。

2. 会计信息质量要求理论中对"诚实守信"价值观的提炼

会计是对企业等经济主体客观发生的资金运动的核算与管理。可靠性是会计信息质量众多要求中的最基本要求。会计诚信缺失，可靠性必然受损，会计的基础职能不能发挥作用，会计舞弊就会时有发生，最终会破坏社会主义市场经济的正常秩序。教师通过教学，让学生逐步认识到诚实守信、客观公正、实事求是每一位参与经济活动的当事人应具备的基本品格。

3. 在会计主体理论教学中，对"公""私"分明的价值观提炼

在讲授会计主体假设理论时，通过知识讲授，让学生明白在经济活动中区分"会计主体"与"非会计主体"的必要性。通过案例分析，学生必须严格区分"公"与"私"的界限，构筑个人底线，预防公职中的个人消费、化公为私、侵占公有财产等犯罪行为的产生。

4. 会计要素理论的教学中，融入国家绿色发展战略要求

气候变化是全人类面临的严峻挑战，环境资源与环境治理已纳入会计要素的范围。党和国家基于中华民族的永续发展和中国作为世界大国的责任担当，提出并实施了2030年前实现碳达峰，2060年前实现碳中和的经济社会发展重大战略[①]。会计核算管理在中国绿色发展中的作用日益凸显，通过教学激发学生的学习与报效祖国的热情，增强学生的社会责任感和使命感。

5. 在会计恒等式与权责发生制理论教学中，增强学生社会责任的担当意识

"资产＝负债＋所有者权益"会计恒等式，从会计视角揭示了资金运动的基本规律。教学中可以从掌控经济资源资产与相应承担的责任与履行的义务相对应的要求出发，启迪学生，无论是企业还是个人都应该保持资金来源和运用的平衡，控制花呗、借呗、白条等信用消费行为，培养学生的理财意识、风险意识。

在讲解权责发生制基础理论时，要让学生深刻体会到，收入的获取权利与费用付出的义务的因果逻辑，强调权利与义务对等的要求，帮助学生树立正确的权利观和责任观。

6. 在会计规制教学中，牢固树立法治观念，强化遵纪守法、注重职业操守的意识

会计学课程内容涉及大部分会计法律法规，知法、守法、敬法，切实保护国家利益、社会公众利益、投资人与债权人利益，维护社会正常的经济秩序，

---

① 国务院：《国务院关于印发〈2030年前碳达峰行动方案〉的通知》，2021年10月24日。

既是对每一位经济活动参与当事人的基本要求，也是作为未来中国社会栋梁的当代大学生要具备的基本素质。教师在教学工作中要注重对学生合法合规意识的培养，要求他们自觉遵守各项法律，恪守诚实守信、廉洁自律、敬业爱岗、有担当、有社会责任感的职业道德，不断提高自身德法兼修的职业素养。

（二）在会计实务的教学和训练中挖掘课程思政与育人的元素

1. 从会计产生与发展历史教学中，引导学生树立正确历史观

教师通过对人类会计文明史的教学，让学生认识到会计对人类社会理财制用、安邦治国的历史贡献，帮助学生树立正确的唯物主义历史观。

在中西方会计文明史的比较教学中，增强学生对中国文化的认同感、自豪感，增强学生传承会计文化的信心和勇气。

2. 从会计工具的运用学习与训练中，培养学生"工匠精神"

在取得和审核会计凭证、登记账簿以及编制报表等整个会计信息生成过程中，工作重复繁杂，极易出错，要培养学生以事实为依据，讲究证据，注重思维逻辑的缜密性，要训练学生养成严谨认真、注重细节的工作态度，不断追求卓越的职业素养。

三、改进与创新会计学课程思政方法，增强思政成效

（一）综合运用现代化的会计学课程思政教学手段

1. 充分利用现代教育技术手段，创新课堂教学模式

充分利用学校教室多媒体工具与手机互动的教学条件，将文字、动画、图片、视频资源与教室课堂讲授有机结合起来，将枯燥晦涩的会计专业知识点与思政教育元素有机融合，在润物无声中实现教学目标。在课堂面授的同时，通过爱课堂等移动网络教学平台，进行课程直播或录播，并及时把课程教学资料上传到平台，帮助学生通过移动设备随时复习，加强与教师的互动，提高学习的兴趣和效率。

2. 将线上线下"教"与"学"有机结合，激发学生的学习热情

除了在课间休息时段及固定值班日答疑外，任课教师与助教通过QQ课程学习群随时与学生在线互动和沟通讨论，解答疑问，力争在激发学生学习兴趣和提高教学效果方面取得实效。

（二）提高任课教师思政素质，改进课程思政教学方法

1. 提高会计学任课教师思政业务素质

会计学任课教师要根据教育部《高等学校课程思政建设指导纲要》精神，注意不断加大课程思政的理论学习力度，潜心钻研课程思政的深刻内涵，积累思政教育素材，结合会计学知识单元和课程内容精心构思，使课程与思政教育有机结合，增加课程思政教育的广度与深度。与此同时，会计学任课教师还应积极参与高校课程思政建设交流平台，交流经验，观摩现场教学，接受教师教学培训等活动，不断提高教师课程思政的教学水平。

2. 改进与丰富教学方法，提高思政教育成效

授课教师要注意授课方式的多样化，采用互动式、讨论式、探究式、案例式等方式，使专业教育与德育教育有机结合，实现立德树人的课程思政目的。

针对学生参与社会经济实践活动经历不足的现状，在会计学课程教学中，注意引入经典教学案例，通过实际情景模拟，引导学生进行案例讨论，激发学生的学习热情与创新思维。

要改变课堂以教师单边讲授为主的传统教学模式，积极推进"教"与"学"的双边互动，通过开展讨论式、参与式教学活动，将教学内容形象化、生动化，变灌输为互动，将思政教育融入专业教育语言体系，以提高思政教育的成效。

参考文献：

[1] 陈晓芳，陈昕，洪荭，等. "会计学原理"课程思政建设：价值意蕴与教学实践 [J]. 财会月刊，2022（3）：79-87.

[2] 谢平华. "双向互动"课程思政教学模式探索——以基础会计学为例 [J]. 新会计，2021（11）：22-23.

[3] 孙慧倩，王烨. 植入社会主义核心价值观的会计学课程思政框架构建 [J]. 财会通讯，2021（21）：163-167.

[4] 李梦雪，贺旭玲，文向阳. 非会计专业会计学课程思政教育的探索 [J]. 商业会计，2021（20）：122-124.

[5] 吴作凤，陈娟，赵长芬. 实现专业育人和人才培养质量的双向提升 [J]. 中国高等教育，2021（12）：59-61.

[6] 陈丽英. 会计学课程如何融入思政元素——以上海市高校课程思政领航计划（精品改革领航课程）为例 [J]. 国际商务财会，2020（9）：52-55.

［7］中华人民共和国教育部. 高等学校课程思政建设指导纲要［A］. 2021－05－28.

［8］朱小平，秦玉熙，袁容丽. 基础会计（原初级会计学）（第11版·立体化数字教材版）［M］. 北京：中国人民大学出版社，2021：3－4.

［9］习近平. 一以贯之全面从严治党强化对权力运行的制约和监督 为决胜全面建成小康社会决战脱贫攻坚提供坚强保障.［N］. 人民日报，2020－01－14（01）.

［10］叶澜. 重建课堂教学价值观［J］. 教育研究，2002（5）：3－7，16.

统计学原理课程思政案例分析
——以第七次全国人口普查为例

胡超然[①]

摘 要：2020年进行了第七次全国人口普查，这对掌握人口变化的趋势性特征，完善国家人口发展战略和政策体系，制定经济社会发展规划，推动经济高质量发展提供了准确统计信息支持。在教学过程中，结合第七次全国人口普查案例，可以从坚持从实际出发来研究和解决问题，增强大学生的责任感和使命担当，培养学生严谨和创新的科研精神三个方面融入课程思政元素。

关键词：第七次全国人口普查；课程思政；案例分析

一、案例的基本情况

全国人口普查是对一国现有人口普遍地、逐户逐人地进行一次全项调查登记。人口普查有利于全面查清一国人口数量、结构、分布等方面情况，掌握人口变化的趋势性特征，为完善国家人口发展战略和政策体系，制定经济社会发展规划，推动经济高质量发展提供准确统计信息支持。

根据《中华人民共和国统计法》《全国人口普查条例》和《国务院关于开展第七次全国人口普查的通知》（国发〔2019〕24号）要求，我国在2020年进行了第七次全国人口普查（以下简称七人普）。普查标准时点为2020年11月1日零时，普查对象是普查标准时点在中华人民共和国境内的自然人以及在中华人民共和国境外但未定居的中国公民，不包括在中华人民共和国境内短期停留的境外人员。开展七人普，是推动经济高质量发展的内在要求。当前，我国经济正处于转变发展方式、优化经济结构、转换增长动力的攻关期。及时查

---

① 胡超然，四川大学经济学院副教授。

清人口总量、结构和分布这一基本国情，摸清人力资源结构信息，才能够更加准确地把握需求结构、城乡结构、区域结构、产业结构等状况，为推动经济高质量发展，建设现代化经济体系提供强有力的支持。

按照"科学与可行、需要与可能、继承与创新"的原则，国务院第七次全国人口普查领导小组办公室（以下简称领导小组办公室）制定了科学的调查方案。同时，为提高普查工作质量和效率，七人普全面采用电子化数据采集方式，实时直接上报数据，首次实现普查对象通过扫描二维码进行自主填报，强化部门行政记录和电力、手机等大数据应用，提高了普查工作质量和效率。同时，七人普坚持依法进行，认真落实普查方案的各项要求，实行严格的质量控制制度，建立健全普查数据追溯和问责机制，在31个省（自治区、直辖市）中随机抽取141个县的3.2万户进行了事后质量抽查，结果显示，七人普漏登率为0.05%，普查过程严谨规范，普查结果真实可靠。

七人普结果显示，全国人口超过14亿，达到14.1178亿人。与2010年第六次人口普查数据相比，人口总数增加7206万人，增长5.37%，年平均增长率为0.53%。十年来，我国城镇常住人口增加了2.36亿人，城镇化率上升14.21%。全国具有大学文化程度的人口达2.18亿人，受教育水平与2010年相比也明细提高。但同时，我国60岁以上老年人口占18.7%，该占比比2010年上升5.44个百分点。总的来说，我国人口数量平稳增长，男女性别比趋向正常，但是人口增速放缓，家户人数变少。人口素质不断提高，城镇化率还将上升，但是人口老龄化程度进一步加深。我国劳动力资源绝对数量虽然充足，但是岗位供需不匹配的结构性矛盾突出，就业压力不小。

二、案例的思政元素

（一）坚持从实际出发来研究和解决问题

一切从实际出发，是马克思主义的根本原则；实事求是，是马克思主义的根本观点。毛泽东同志在《反对本本主义》一文强调"没有调查，就没有发言权"[①]。习近平总书记也深刻指出："理论一旦脱离了实践，就会成为僵化的教条。"[②]

[①] 毛泽东：《毛泽东选集（第一卷）》，人民出版社，1991年，第109页。
[②] 刘玉瑛：《提高七种能力解决实际问题》，人民出版社，2020年，第70页。

结合七人普，为了掌握我国人口结构变化新特征，以完善国家人口相关政策的制定，我国在新冠肺炎疫情期间仍坚持完成了人口的全面普查。对该案例的介绍，有利于学生坚定制度自信。在疫情期间，我国顺利完成全国范围的全面调查，不仅体现了中国特色社会主义制度是以人民为中心的好制度，是集中力量办大事的好制度，也体现了习近平新时代中国特色社会主义思想坚持实事求是，立足中国现实，贯彻知行合一，坚持认识和实践的辩证统一。

同时，实践是延伸的课堂。教师通过对七人普过程的详细讲解，结合统计调查实践作业的设置，有助于培养学生从社会经济现象中提炼出社会科学研究问题的习惯和能力，有助于其在生活和工作中坚持问题导向，坚定不移地秉持一切从实际出发来研究和解决问题这一根本原则。

（二）增强大学生的责任感和使命担当

通过总结和分析我国七人普的数据结果，带领学生系统把握新时期我国人口结构变化的新特征及趋势，明确现阶段我国面临的严峻挑战。例如，我国老龄化程度持续加深，人口红利接近尾声，就业矛盾突出，人口流动空间异质性问题显著等。

但凡事都具有两面性，应该树立正确的价值观，辩证地看待问题。从七人普数据中，我们不仅要看到挑战，更要看到机遇。例如，老龄化也可带来银发经济，人口红利可能转化为人才红利，技术进步及产业转型升级亦可能带来就业结构性矛盾的缓解等潜在机遇。结合大学生来说，作为新时代的青年，应担当时代责任，承担时代使命，将个人梦与中国梦结合起来，将个人的发展纳入国家的发展中，以实现中华民族伟大复兴及中国经济高质量发展为己任。

（三）培养学生严谨和创新的科研精神

我国七人普在全面调查完成后还进行了事后的质量抽查，以确保普查结果的可靠性，体现了普查活动的严谨性。同时，为了提高了普查工作质量和效率，七人普对普查方式进行了探索创新，最大化利用了信息化技术，突破了五个"首次"：首次全面采用电子化数据采集方式，由普查员使用电子设备采集，实时直接上报数据；首次实现普查对象通过互联网进行自主填报；首次利用行政记录和大数据对普查数据进行比对核查；首次在全国集中部署数据处理，利用互联网云技术、云服务和云应用完成数据处理工作；首次对全国700多万普查人员实行线上集中统一管理。对七人普调查方式细节的展示及讨论，可引导学生在平时学习和科研活动中也需具备严谨的科研精神和工作态度，以及勇攀高峰、敢为人先的创新精神。

三、案例使用说明

（一）教学用途与教学目标

1. 教学用途

本案例适用于本科生统计学原理课程统计调查、整理、抽样调查等相关章节使用。

2. 教学目标

（1）知识层面：了解统计调查的意义，掌握统计调查的概念、基本要求和种类，掌握各种调查方法的特点和使用情况。

（2）能力层面：能够制定完整的统计调查方案；能够从实际情况出发，提出科研和调查问题，判断及选择科学的统计调查方式及方法，并实施统计调查。

（3）素质层面。

形成专业意识：通过学习，学生掌握数据搜集及整理和展示的科学方法，并养成关注社会经济热点、相关政策的学习习惯，培养用数据讲述中国故事的能力。

提高职业素养：提升社会责任感，培养严谨和创新的工作学习态度。

（二）问题设置及分析思路

1. 思考题

（1）题目：为什么我国七人普的标准时点定为2020年11月1日零时？

（2）分析思路：上述问题是基于统计学原理中统计调查相关知识点提出的。人口普查的标准时点是规定一个时间点，无论普查登记在哪一天进行，登记的人口及其各种特征都是反映该时间点上的情况。确定标准时点的意义在于保证普查结果所反映的是调查单位在同一时间上的情况，避免重复和遗漏。统计调查所搜集的变量具有时点和时期指标的特点。对于时期指标，统计调查要明确该资料的起止时期，才能得到可比的累计数字。对于时点指标，也需要规定一个标准时点，才能保证不同单位的同一时点指标具有可比性。例如，若人口普查没有统一的标准时点，就可能因为人口的出生和死亡、迁入和迁出而得不到截止于某个时间点上的准确数字。

2. 实践题

（1）题目：结合我国七人普数据结果，提出感兴趣的科研问题（养老问题、少子化问题、大学生就业问题、人口地区分布及流动问题等），并通过设计问卷，选择合适的调查方式，进行统计调查以搜集数据来解答问题。

（2）分析思路：该实践题从六个方面让学生对统计调查活动进行全面实操：①确定调查目的；②确定调查对象和调查单位；③确定调查项目；④确定调查时间和调查期限；⑤制定调查的组织实施计划；⑥选择调查方法。设置该实践题，有利于学生对统计调查的每个步骤进行具体操练和掌握。

（三）教学组织方式

具体的教学环节设计如表1所示。

表1 教学环节设计

学习阶段	学习内容	学习目标
课前	通过丰富的线上和课外资源，查阅并了解我国七人普相关情况	熟悉案例背景
课中	小组竞赛，设置人口普查的意义、内容及流程等相关题目进行答题竞赛	进一步加深对相关知识点的了解
课中	结合七人普案例，教师讲解统计调查具体知识点，并详细介绍我国七人普调查步骤、数据结果，及七人普中展现的我国制度优势等思政内容	掌握理论知识点，培养学生爱国情怀、责任感和使命担当
课中	小组展示，分小组详细展示各组的统计调查内容，包括调查目的、调查对象的选择、调查问卷的设计、调查方式的选择、调查结果的展示及调查结论说明等	掌握统计调查涉及的具体步骤
课后	督促学生密切关注我国普查相关新闻、人口经济等相关政策	巩固知识，学习利用理论知识来解决实际问题

参考文献：

[1] 周文斌，柳礼泉，唐珍名. 青春梦融入中国梦的五个指征［N］. 光明日报，2013－10－11（12）.

[2] 国家统计局，国务院第七次全国人口普查领导小组办公室. 第七次全国人口普查公报（第一号）[EB/OL]. (2021-05-11)[2021-04-29]. http://www.stats.gov.cn/ztjc/zdtjgz/zgrkpc/dqcrkpc/ggl/202105/t20210519_1817694.html.

[3] 李洁明，祈新娥. 统计学原理[M]. 5版. 上海：复旦大学出版社，2010.

教学改革探索

关于中国特色社会主义政治经济学教学与科研的思考

贺立龙[①]

摘　要：中国特色社会主义政治经济学是研究中国特色社会主义市场经济与现代经济体系重大理论与现实问题的一门社会科学，其教学与研究范式一般存在"制度—运行—开放—发展"范式、以"发展—共享"为主线的范式、围绕重大专题进行理论与实践探讨的范式三种。中国特色社会主义政治经济学学界有三种科研走向：一是基于文本发掘的理论阐释及现代启示，二是对中国经济政策的学理阐释与观点阐发，三是基于改革与发展问题导向的理论剖析与经验佐证。中国特色社会主义政治经济学的研究对象和课程属性，决定了其开展课程思政与党史学习教育，具有自然融合、深度创新、协同增效的特征，这一课程理应成为一门"思政学理课"。

关键词：中国特色社会主义政治经济学；社会主义市场经济；课程思政

习近平总书记在党的二十大报告中阐述了开辟马克思主义中国化时代化新境界、中国式现代化的中国特色和本质要求等重大问题，对以中国式现代化全面推进中华民族伟大复兴做了战略部署[②]。时代课题是理论创新的驱动力。新时代新征程全面深化改革开放和推动中国式现代化是中国经济学研究的"富矿"，政治经济学学界推进中国特色社会主义政治经济学的发展创新大有可为。

[①] 贺立龙，四川大学经济学院副教授、博士研究生导师、经济系副系主任。
[②] 习近平：《高举中国特色社会主义伟大旗帜　为全面建设社会主义现代化国家而团结奋斗》，《求是》，2022年第11期。

一、中国特色社会主义政治经济学教学与研究的主题与对象

从专业性质看，中国特色社会主义政治经济学是研究中国特色社会主义市场经济与现代经济体系重大理论与现实问题的一门社会科学。相比微观经济学、宏观经济学、政治经济学（资本主义部分）等的相对成熟、系统的一般理论课程，中国特色社会主义政治经济学是处于不断发展中的一门中国经济学理论课程。

这就出现一个问题：中国特色社会主义政治经济学和政治经济学（资本主义部分）、西方经济学（宏微观）有什么关系？我们认为，在一般性上，政治经济学（资本主义部分）为中国特色社会主义政治经济学提供了关于市场经济和经济现代化一般规律的理论指导，宏微观经济学也为之提供了有益的理论模型与现代方法；在特殊性上，政治经济学（资本主义部分）关于社会主义的科学展望为中特政经探索社会主义经济道路及理论创新提供了框架性的设想，现代西方经济学关于资本主义市场经济具体运行机制及最新趋势性特征的考察，也为中国特色社会主义政治经济学的具体问题探索和时代创新提供了借鉴和参考。

但是，中国特色社会主义政治经济学有中国特色的独特性，其有特殊性的本质和规律，因而应从中国市场经济转型与经济发展的特色实践出发，推进新时代中国特色现代市场经济和经济发展，以及社会主义经济本身的特定规律与理论探讨，这将成为对现代市场经济和经济发展的一般规律与原理、社会主义经济的一般规律与原理的具体演绎和发展创新。

因此，我们认为，中国特色社会主义政治经济学研究对象是不断发展中（新时代）的中国特色社会主义市场经济与现代经济体系。其中，"发展中"彰显"新时代、新发展阶段"特征；"中国特色""社会主义"，是要把握基本经济制度、党的领导这一根基，坚持共同富裕，不走改旗易帜的邪路；"市场经济"，意味着要坚持深化改革，扩大开放，解放与发展生产力，充分发挥市场的决定性作用，释放市场主体活力，不走封闭僵化的老路；"现代经济体系"主要体现贯彻新发展理念，实现以人民为中心的高质量发展这一主题。

从上述研究对象出发，中国特色社会主义政治经济学的发展带有一定的开放性和包容性，通过对马克思主义政治经济学与现代主流经济学的兼收并蓄，开创不断发展的中国特色社会主义市场经济与现代经济体系理论，为现代市场

经济与经济发展一般规律与原理贡献中国实现方案，为社会主义经济的一般规律及原理贡献成功的中国样本，最终提升中国特色社会主义政治经济学在国际经济学领域的学术影响力，赢得竞争力和话语权。

二、中国特色社会主义政治经济学的内核与主线

在一般层面上，我们认为，中国特色社会主义政治经济学主要研究中国特色社会主义生产方式与生产体系，其涵盖三个有机组成部分。

其一，是物质资料生产方式及其演化，涵盖生产力（关键因素：科技和劳动资料，形成生产方式的物质基础）、生产关系（所有制，雇佣劳动和分配制度），及以之为基础的资源配置方式（市场还是计划；分工协作—交换的社会化大生产，还是分散独立—自给自足生产）。

其二，是经济体系（过程），涵盖三个维度：①微观—宏观（个体、企业、市场、政府），生产—消费—交换—分配，开放（两种资源两个市场、双循环、发展与安全）；②实体经济—虚拟经济，产业链—供应链—技术链，区域—城乡—群体；③总量—结构，数量—质量。

其三，是绩效体系（过程）：共同富裕，涉及效率与公平、发展与共享。

在具体层面，我们研究中国特色社会主义市场经济运行与经济发展（现代经济体系）：

从研究对象看，目前有三种典型范式："制度—运行—开放—发展"的框架范式，以"发展—共享"为主线的范式，围绕重大专题进行理论与实践探讨的范式。这些范式相对成熟且各有特点，但可从三方面进一步强化：更关注中国面上和点上的理论与现实问题，中国短期波动与长期趋势的理论与政策创新，中国与世界互动中的共同命题与社会主义先进性。

从学术范式看，习近平总书记讲话总结提出了中国特色社会主义政治经济学的基本理论论断和成果。我们围绕这些基本理论成果，进一步强化以下命题的学术研究：社会主义基本经济制度与经济运行及经济发展的辩证关系研究范式及其实现；经济基础与上层建筑辩证关系在执政党国家治理领域的作用；实体经济与虚拟经济，总量经济与不平衡，开放发展与国家安全的关系分析。

从分析方法看，目前理论与实证分析结合的方法也开始普遍运用于中特政经问题的研究分析中，但应思考，如何进一步深化对辩证唯物主义与历史唯物主义方法论的学术运用，将历史—逻辑分析与统计—计量分析有效结合起来，

如经济史的数据分析或长周期的实证分析。

从语言体系看，扬弃政策宣传基调的语言体系，减少大量的烦琐的政策宣讲式语言；推进学理分析和现实叙事的融合；加强马克思、恩格斯经典原著的文本研究与语言分析。

三、中国特色社会主义政治经济学的三种科研走向

目前中国特色社会主义政治经济学学界有三种科研走向及文章类型：

一是基于文本发掘的理论阐释及现代启示，如对马克思、恩格斯经典原著的某些重要论述的发掘与阐释，为分析与解决某些现实经济问题，寻找原理和方法论指导。传统的政治经济学研究采用这种范式和路径，也可成为青年学者的研究和写作的范式选择。

二是基于政策宣讲的学理阐释与观点阐发，如针对供给侧结构性改革、高质量发展、乡村振兴、共同富裕、资本本质与行为规律、初级产品供给、"双碳"等重大战略方针政策，进行学理阐释与观点阐发。此类文章需要长期的知识积累与扎实的语言功底。

三是基于问题导向的理论剖析与经验佐证，如对预期管理、扩大内需、增长不平衡、农民增收、统一大市场建设等问题，进行数理建模与计量分析，但应注意对马克思主义政治经济学基本原理和方法论的框架性应用，尤其是不能背离马克思主义政治经济学的立场、观点和方法。这一科研范式与经济学现代分析范式融合，成为越来越多的青年学者和学生的选择。

四、中国特色社会主义政治经济学理应成为一门"思政学理课"

中国特色社会主义政治经济学作为经济金融类本科平台课程，以中国特色社会主义市场经济理论与实践为教研对象，主要讲授中国特色社会主义基本经济制度、经济运行与发展方式等内容，使学生初步掌握运用马克思主义政治经济学原理以及现代经济学方法，正确认识与科学分析中国经济改革与发展的理论探索与实践创新。这一课程性质和任务决定了其蕴含着深刻的思政价值。

中国特色社会主义政治经济学课程的性质与教学特点，决定了其在党的二十大精神阐释宣讲、课程思政与党史学习教育开展方面，具有自然融合、深度

创新、协同增效的特征。

第一，中国特色社会主义政治经济学研究对象与理论体系的形成演化过程，是党领导中国特色社会主义经济建设与改革创新发展的伟大历程，这是学习党领导中国经济建设实践与理论创新的一门历史课，是一堂富有理论教育意义的思政课，是党的二十大精神的宣讲课。

第二，从政治经济学理论维度，解析和阐释党的领导的政治优势与社会主义制度优势，真正学懂讲好近平新时代中国特色社会主义经济思想，可以让学生认识"中国之治"的科学性和优越性，让"四个自信"更有说服力，彰显中国特色社会主义政治经济学的科学魅力。

第三，讲课中的古今中外经济制度比较，让学生养成辩证分析现实经济问题的思维，防范西方不良思潮侵袭，坚定政治立场和制度定力。比如，学习改革开放以后基本经济制度的形成与完善，社会主义市场经济的历史探索与当前高水平建设，进行抗疫和减贫中的中外制度比较，可以帮助学生科学认识中国特色社会主义制度的内涵、优越性和生命力，强化学生对我国制度的自信，避免说教，实现专业课程、思政课程和党史教育课程的深度有效融合。

应运用马克思主义的世界观与方法论，结合中国改革开放的实践与中国优秀传统的文化，提升中国特色社会主义政治经济学的理论魅力、文化底蕴，强化课程教学的现实生命力与时代价值。要坚持问题导向，运用最鲜活的经济学案例，立足新时代新征程中的改革发展前沿，设置教学目标，丰富教学手段，充分发掘和发挥中国特色社会主义经济学自身蕴含的思政教育功能。理论源于实践，课堂根植生活，中国特色社会主义政治经济学立足于中国国情与发展的实践，既要接受实践的检验，也要指导实践，更会在实践中丰富和发展，应深入中国经济改革发展的实践一线，引入现代化产业体系建设、国企改革、乡村振兴、区域协调发展、贸易与开放、数字经济发展的现实场景，挖掘新材料，发现新问题，总结新经验。将实践教学纳入课程设计，一方面"走出去"，开展实地调研、在线访谈和问卷调查；另一方面"引进来"，邀请优秀党政干部、企业家和劳动模范作报告，利用"第二课堂"提高学生的理解力和认知力。

中国特色社会主义政治经济学的教学，要与马克思主义政治经济学、现代西方经济学教学形成良性互动。有效开展西方经济学"课堂思政"教学，消除其与政治经济学"传统隔阂"，使之共同为新时代中国特色社会主义政治经济学教学提供原理及方法指导、基础知识储备。西方经济学教学如何与中国特色社会主义政治经济学教学形成良性互动？如何开展课堂思政？这是西方经济学教学面临的难点问题。习近平总书记指出，西方经济学关于金融、价格、货币、市场、竞争、贸易、汇率、产业、企业、增长、管理等方面的知识，有反映社会化大生产和市场经济一般规律的一面，要注意借鉴。同时，对国外特别是西方经济学，我们要坚持去粗取精、去伪存真，坚持以我为主、为我所用，对其中反映资本主义制度属性、价值观念的内容，对其中具有西方意识形态色彩的内容，不能照抄照搬。经济学虽然是研究经济问题，但不可能脱离社会政治。在我们的经济学教学中，不能食洋不化[①]。我们应辩证地认识西方经济学的学科属性，即经济规律和制度及价值理念的双重属性，一方面要讲授其中性的"反映社会化大生产和市场经济一般规律"的有益成果；另一方面要注意"对西方意识形态色彩的内容，不能照抄照搬"，揭示西方经济学市场学说的制度前提和基本矛盾所在。

正确认识和把握西方经济学的研究对象和教学内容。西方经济学是研究现代市场经济的一门学科，具有研究社会化大生产和现代市场经济规律的科学属性，但也带有资产阶级的立场，有为资本主义经济制度辩护的意识形态成分。现代西方经济学根植于资本主义市场经济这块土壤，力图从生产过程、供给侧揭示资本主义市场经济的内在联系，厘清资本主义制度下的生产、分配、交换、消费关系的研究，以及经济运行的机制问题，寻找资本主义财富增长的原因。我们对之进行批判吸收，一方面学习其反映现代市场经济、经济现代化和宏观经济治理的科学成果；另一方面要认识到其无法从生产关系层面上揭示资本主义基本矛盾，具有一定局限性。新时代的中国社会主义市场经济与经济现代化建设，需要以马克思主义政治经济学为基本原理与方法论。

用好教材，讲好课程，推动西方经济学与中国特色社会主义政治经济学良性互动。老一辈经济学学者编写的西方经济学教材，以及"马克思主义理论研究和建设工程"系列教材，都是讲完西方经济学知识点之后，运用马克思主义立场、观点和方法进行评析，指出其局限性。过去有一段时间，受政治经济学"边缘化"的影响，大量西方经济学教材删除了这些评析。目前，上述局面有了根本改变，除了推行"马克思主义理论研究和建设工程"西方经济学教材（已加入评析内容）之外，授课老师也逐步强化对西方经济学局限性的讲解，重视对学生辩证看待西方原理科学性和适用性的引导，防止西方自由化思潮的侵蚀。发掘西方经济学的课堂思政功能，应比较中国特色社会主义市场经济与西方经济学语境中下资本主义市场经济的一致性和差异性，引导学生在掌握市场原理一般的情况下，理解社会主义市场经济对资本主义市场经济的超越和优

---

① 习近平：《不断开拓当代中国马克思主义政治经济学新境界》，《求是》，2020年第16期。

越性，从而强化对中国特色社会主义政治经济学深刻性和科学性的认知。西方经济学做好课程思政的关键还在于教材和授课方式。一是提升西方经济学教材质量，包括西方经济学知识本身和马克思主义政治经济学对之的评析两部分质量，要科学地讲授教材内容，自然地开展思政教育，即启发式而非灌输式进行学生"思政说教"。二是提升授课技巧和课堂感染力，授课老师能否在讲授中国经济发展的制度优势时，做到"动之以情、晓之以理"，将在很大程度上决定课堂思政的成效。

基于视频案例的经济类课程思政建设影响因素与对策研究

刘 勇 王健龙[①]

摘 要：思想政治教育是立德树人之根本，对塑造学生的健全人格，培养学生的良好品德以及促进其身心健康发展都有至关重要的作用。因此，以视频案例作为切入点，以学生的反馈作为基础数据进行有针对性的研究，具有突出的研究意义。问卷调查和定量分析的结果表明影响因素从高到低排序依次为视频质量、外部环境、师生互动、教学气氛、课堂组织、教学态度、知识储备。因此，在经济类"课程思政"建设过程中，采用视频案例教学需以高质量的案例为基础，构建良好的外部环境以促进师生互动，提升教学效果。

关键词：课程思政；视频案例；影响因素；对策研究

一、研究背景

思想政治教育是立德树人之根本，对塑造学生的健全人格，培养学生的良好品德以及促进其身心健康发展都有着至关重要的作用。思想政治教育是各教育阶段不可或缺的内容。为深入贯彻习近平总书记关于教育的重要论述和全国教育大会精神，中共中央办公厅、国务院办公厅出台了《关于深化新时代学校思想政治理论课改革创新的若干意见》文件。该文件要求高等学校以马克思主义为指导，将思想政治教育贯穿于人才培养体系全过程，全面推进高校"课程思政"建设，充分发挥好每门课程的育人作用，提高高校人才培养质量。同时，教育部《高等学校课程思政建设指导纲要》指出：要科学设计课程思政的教学体系，要结合学科特点分类推进课程思政建设，要将课程思政融入课堂教

---

① 刘勇，四川大学经济学院教授、博士研究生导师；王健龙，四川大学经济学院博士研究生。

学全过程。

因此，以视频案例作为切入点，以学生的反馈作为基础数据进行针对性的研究，具有突出的研究意义：有利于思想政治教育的推广与实施，有利于实现思想政治教育与专业课程的有机融合，有利于贯彻立德树人的教育原则，有利于提高经济学专业学生的思想政治水平。

二、研究现状

既有研究对案例教学的构成要素进行了颇有价值的探索。案例教学通常要具备几个典型的构成要素：一是教学目的，二是案例素材，三是师生的教学互动。比如，李陈等（2019）指出案例教学是指为达到一定的教学目的，围绕选定的一个或多个问题，以事实为素材而编写成的对某一实际情境的客观描述。贾松伟（2021）指出案例教学是教师根据教学目标，以案例为媒介引导学生进行学习的一种教学方法。案例教学是在教学目标的指引下，遵循教学大纲，通过特定的素材、媒介、材料等案例来阐述事实，过程中也要包含教师和学生之间的互动行为，通过课堂讨论、师生互动等方式最终达成教学目标的过程（王宏等，2009；邹宝林等，2020）。国外对案例教学的研究较为丰富，特别是构建了多个案例库，包括哈佛案例库和毅伟案例库。国内的案例库也陆续建立，包括全国专业学位案例库、中国公共管理案例库和中国管理案例共享中心。

案例教学的影响因素。基于案例教学的交互式特征，从参与主体、客体和情境的角度将案例教学的影响因素分为个体因素、案例因素与教学情境因素三类。第一，个体因素。个体因素包括学生与教师两大参与主体的相关因素。其中，参与度是最主要的关于学生个体方面的因素之一。比如孙伟与杨文（2017）指出在案例的教学过程中，学生是知识吸收的主体。现有理论和实践均已证明，学生参与度的高低将是影响案例教学效果的重要因素。同时，刘新楼（2020）的研究表明案例教学，在微观经济学这种理论性较强的课程教学中，能帮助学生更好地理解理论，而学生的参与程度会对理解的效果有所影响。在教师的因素方面，教学能力、教学方法、教学态度是较为关键的因素。比如定明捷（2019）基于深度访谈所获得的原始资料，运用扎根理论对这些因素进行了分析。还有汪国利（2020）的研究表明在案例教学中，小组讨论往往是一种结合了学习与思考的行之有效的方法，教师应该对学生进行恰当的引导，鼓励学生发言与讨论，并带领他们进行归纳总结。此外，王积超与李俊南（2021）的研究运用定量分析模型对问卷调查数据进行建模，证实了教学方法、教学态度能够显著影响案例教学效果。第二，案例因素。案例是案例教学的主体内容，案例本身的质量也会对案例教学质量产生重要影响。案例质量主要包括案例的代表性、相关性（定明捷等，2019），与实际的贴合性、问题性（刘新楼，2020）等。Lewin早在1936年就指出案例质量对教学效果的重要作用（Lewin，1936）。更为具体的研究体现在刘为军（2016）的研究结论中，他认为视频案例的长短、时效性、与知识点的契合度等因素同视频案例教学的效果有着十分紧密的联系，视频案例的教学方法能显著提高课堂的互动性以及学生听课的专注程度。芈凌云等（2018）基于MBA学员的视角，采取结构方程模型对案例教学效果的影响因素进行定量分析。结果显示，案例质量直接正向作用于学员对教学效果的评价。Baker（2009）、定明捷等（2019）、刘新楼（2020）等均得出案例质量是影响案例教学效果的关键因素之一。第三，情境因素。情境因素是指在人们的知觉过程中与被知觉者直接关联因素的综合。在案例教学中，教学环境是最为显著的教学情境因素。教学环境包含教学设施、教室布局、课堂组织形式等方面（芈凌云等，2018）。例如，音响设备、教学用具、教室的布局等物质条件会影响案例教学（孙伟，杨文，2017）。刘强等（2016）研究发现，教学环境能从学习动机、学习兴趣、学习态度等方面提高课堂教学质量，良好的教学环境有利于学生提升自我效能感以及保持积极的学习心态，使得他们能全方位融入课堂。杨文光（2020）以市场营销课程案例为研究对象，指出教学设施环境的差异、教学的逻辑和内涵等因素都会影响案例教学过程。整体来说，既有的对案例教学影响因素的研究，大部分集中于管理学与经济学专业，且以定性分析为主，定量研究则相对缺乏。

  案例教学的改进对策。针对传统案例教学中的问题，学者们提出构建深度参与、情景模拟、分级渐进等模式。有关深度参与式，梁洁（2017）认为基于实地调研的参与式案例教学转变了单向的知识输入方式，有助于充分发挥学生的自主学习能力。胡思琪与张影（2017）则主张打破典型案例教学方式的弊端，建立以"活动－角色"为主，教师与学生积极参与，以及案例准备、讲解、讨论与评估等流程一体化的案例教学形式，从而实现教学效果的提升。吴应甲（2019）提出与互联网结合的参与式案例教学模式，可以通过虚拟实验室和数字图书馆远程共享优质教学资源，建立开放的数字化资源平台。关于情景模拟式案例教学，谢晓专（2017）建议把案例改进为体验式的情景模拟教学，让学生深度融入并思考讨论，在真实的情境空间里提高学生的创造能力。谢振莲等（2010）也主张将案例教学具体化与情境化。此外，对于分级渐进模式，周龙（2017）认为在分级分类的案例教学中，初期应重点选择与教学内容相关性强的典型案例，之后再引入当地和近期的真实案例，有助于培养学生处理实际问题的能力。徐东华等（2017）强调灵活采取案例教学方式，提出分级分类进行案例教学，创建"本土化"案例，跨学科开发高质量案例，推进视频案例教学等。针对学生和教师两个案例教学的参与主体以及案例本身，学者们相继给出了不同的建议。比如，方雪晴（2016）提出加强教师技能培训、培养学生的自主学习能力、加强案例库建设等方面的对策，以推动行政管理学科案例教学的有效实施。赵曙明（2017）认为视频案例通过动作、声音和画面等信息输出渠道，能提供更多的学习与探讨机会，相比于文本教学具有多重优势，应该促进其开发与使用。芈凌云等（2018）指出要重视教师的学术水平和实践经验的统一，鼓励老师依据学员的学习需求进行案例的动态采编，改善教学环境以及提高学员参与度，优化案例教学的设计。定明捷等（2019）认为改善师生认知、提高案例质量、激励学生参与、加强教师能力、优化教学环境是提升案例教学质量的有效策略。王积超与李俊南（2021）基于实证分析提出了三条建议：一是选择恰当的教学技巧与方法；二是案例教学的内容应切合目标，注重实践与理论的结合；三是确立认真负责的教学态度。此外，与新兴技术的结合也是改进的重要方向。互联网技术与现代化教学手段的应用可以优化教学设计（金艳清等，2020），给学生提供线上学习与交流平台（罗恒等，2019），引导学生的深入思考，激发学生的创新能力（赵曙明，2017），从而取得更好的案例教学效果（Mussa等，2018）。

对已有研究进行梳理可以看出案例教学的形式主要是基于文本案例的讨论分析，内容则主要集中在管理学的应用实践中。专门的视频案例开发和教学研究亟待丰富，特别是针对经济类课程思政的视频案例开发与教学研究更是少见。因此，有必要从视频案例融入经济类课程思政建设的视角切入，结合教学实践，分析其中的影响因素并提出针对性的突破策略。

三、影响因素识别

（一）识别方法

运用问卷调查法进行识别。在参考既有研究的基础上，通过提炼备选条目形成初始问卷，经过反复测试和修正，形成正式的调查问卷，以确保能精准识别视频案例教学过程中存在的各类影响因素。

1. 问卷设计

问卷的开头是调查的基本背景介绍和隐私保密说明，让问卷参与者了解本问卷的调查目的以及调查内容，并在一定程度上避免参与者担心泄露个人信息，而有目的性或随意地填写问卷，使其能快速进入情境，在不受心理干扰的情况下填写问卷，从而搜集到较为准确的一手信息。问卷正文的第一部分是有关被访者基本信息的题项，包括性别、年级以及最近一年是否学习过视频案例。

问卷的第二部分是为了解被调查者对于思政题材的视频案例能提高思想政治素质的认同度，从而反映思政视频案例融入课程的教学效果。既有研究普遍认为思想政治素质指符合时代特征的思想意识、道德行为、政治态度、法纪素养等基本品质。综合国外和国内对思想政治素质的认识，是进行主流文化思想的灌输和规范行为的训导。大学生思想政治素质的内容主要包括三方面：第一，思想素质方面，表现在确立正确的世界观和人生观；第二，政治素质方面，表现在坚持中国特色社会主义道路，牢固树立爱国主义、集体主义思想，培养大学生对中国精神的认同，实现中华民族的伟大复兴等；第三，道德素质方面，表现在树立社会公德良心，恪守职业道德，培养个体美德，以批判的视角来对社会道德问题进行审视与辨析，具备适应社会的能力等（顾瑾，2011）。依据《中国高等教育法》《中国普通高等学校德育大纲》《中共中央关于改进和加强高等学校思想政治工作的决定》等相关法律法规、决定以及文件精神，祝虹与杨勤刚（2008）认为大学生思想政治素质评价的标准包括三个方面。在思想素质方面，主要是树立科学的世界观、人生观和价值观。在政治素质方面，主要是热爱祖国，了解历史、基本国情、国内外形势；拥护中国共产党的领导，坚持党的基本路线、方针、政策；热爱社会主义和共产主义；要在重大政治问题上能明辨是非，坚持正确的政治方向。在道德素质方面，主要是要遵守社会公德、职业道德和家庭美德。另外，格日乐图（2013）也指出良好的政治素质应该体现为树立正确的政治信念，确立正确的政治立场，增强政治敏锐性和政治鉴别力，坚持中国特色的社会主义道路，牢固树立爱国主义、集体主义情感，实现中华民族的伟大复兴等。因此，根据文献综述，问卷第二部分设立了三个与思想政治素质相关的问题，即询问被调查者是否认为以地下工作者等革命先烈或者各类典型先进人物为题材，结合专业知识进行分析的视频案例有助于坚定政治立场，抵制不良风气，更加热爱新中国。

问卷第三部分的主题是影响因素识别，目的是了解影响案例教学的主要因素。首先，通过对文献的梳理可知，主要障碍因素涵盖个体因素、案例本身与教学情境三类。个体因素包括学生因素和教师因素。其中，参与度是来自学生个体方面最主要的因素。孙伟与杨文（2017）指出现有理论和实践均已证明，学生参与度是影响案例教学效果的重要因素。刘新楼（2020）表示在微观经济学案例教学中，学生的参与程度会对其效果有所影响。在教师方面，能力、教学方法、态度是关键的来自教师方面的个体因素。此外，知识储备、教学技巧、课堂控制、组织能力等因素与案例教学质量显著相关。汪国利（2020）认为在案例教学中，教师应该对学生进行恰当的引导，鼓励学生思考与讨论，并带领他们进行归纳总结。王积超与李俊南（2021）运用因子分析和 Ordinal Logistic 模型研究了问卷调查的原始资料，证实了教学方法、教学态度能够积极作用于案例教学的效果。案例本身的质量同样会对案例教学效果产生直接影响。案例质量主要包括案例的代表性、相关性，以及与实际的贴合性、问题性等。视频与知识点的契合度、长短、时效性等与视频案例教学的效果有着紧密关系。案例质量直接正向作用于学生对效果的评价，是最为显著的教学情境因素。教学环境包含教学设施、教室布局、课堂组织形式等方面。朱雪宁（2011）音响设备、教学用具、教室的布局等物质条件会影响案例教学效果。刘强等（2016）发现，良好的教学环境有利于激发学生的兴趣以及提升自我效能感，使得他们以积极的态度融入课堂。杨文光（2020）指出教学设施环境的差异会影响案例教学。根据以上文献综述，问卷第三部分共包含教师个体因素、案例因素、教学环境因素以及学生个体因素四个类别的识别题目，询问参与者这些因素对学习上述视频案例的影响程度。其中教师个体因素包括教师的知识储备、教师的教学气氛、教师的课堂组织能力、教师的教学态度；案例因素包括视频案例的内容、视频案例的时间长度、视频画面的清晰流畅度；教学环境因素包括播放设备的质量、教室空间的大小、桌椅的舒适程度；学生个体因素包括在平时的课堂上举手发言的状况以及在课下与教师交流的状况。

问卷的第四部分包括两个开放式题目，并询问参与者是否有其他方面的补充等。

2. 问卷发放与回收

在正式发布问卷之前，研究团队先进行小范围的预调查，并根据调查结果完善了最终问卷。并且，研究团队选择在开学后发放问卷，有利于参与问卷的调研对象能在自己所处的具体学习情境下作答。

问卷采用 Likert 五级量表，以四川大学经济学院本科生为调查对象，识别基于视频案例的经济类课程思政建设的影响因素，通过问卷星网络调查平台向学生随机发放电子问卷，共回收 114 份有效问卷。所有调查对象中女性偏多，共有 71 名，占比达到 62.3%；男性有 43 名，占比为 37.7%。这与经济学院的男女生比例有关，是真实样本特征的具体体现。

对年级的统计结果进行分析。年级分布主要集中于大二年级和大三年级：大二年级的被调查者最多，共有 58 名，占所有年级的比例达到 50.9%；大三年级的被调查者有 49 名，占所有年级的比例为 43%。考虑到大一年级的新生入学时间不久，对课程的体验感知可能存在不充分的情况，而大四年级课程较少，且多数在准备实习或升学考试，相比之下，大二年级与大三年级的学生对当前课程教学状况有更加充分的体验和了解，因而该结果在一定程度上体现了问卷数据的有效性。

3. 问卷信度与效度

问卷的信度是指数据测验结果的一致性、稳定性及可靠性，一般多以内部一致性来表示。问卷获得的测量数据信度越高，表明所测量的数据越一致、稳定和可靠。系统误差一般不会对信度造成影响，因为系统误差影响测量数据的方法总是相同的，但随机误差有概率导致数据的不一致。项目问卷设计经过数据分析与合理论证，问卷整体的 Cronbach's α 系数为 0.727，大于常用标准 0.7，表明问卷具有相当的信度和内在一致性，量表可靠性较高（Cronbach, Shavelson, 2004）。

问卷的结构效度检验采用主成分分析法，并通过 KMO 和 Bartlett 测试进行评估，利用 SPSS 计算出全变量 KMO 统计量为 0.619，大于 0.6，Bartlett 球形度检验结果在 0.01 的水平上显著，说明变量可以进行因子分析。对全变量进行探索性因子分析的结果表明成分分类结果与问卷设计结构一致。

（二）识别结果

1. 描述性统计

问卷第二部分和第三部分是有关"思政"素质和因素识别的内容，使用 Likert 五级量表，评分范围为 1 到 5（对应程度从小到大）。对于以地下工作者等革命先烈为题材，并结合专业知识进行分析的视频案例是否有助于坚定政治立场、抵制不良风气、更加热爱新中国，这些题目得分的极小值均为 1，极大值均为 5，均值都在 4 分以上（满分为 5 分），表明多数被调查者认为该类视频案例能够提高其思想政治素养。特别是在坚定政治立场方面，平均分最高为 4.29（见图 1）。

基于视频案例的经济类课程思政建设影响因素与对策研究

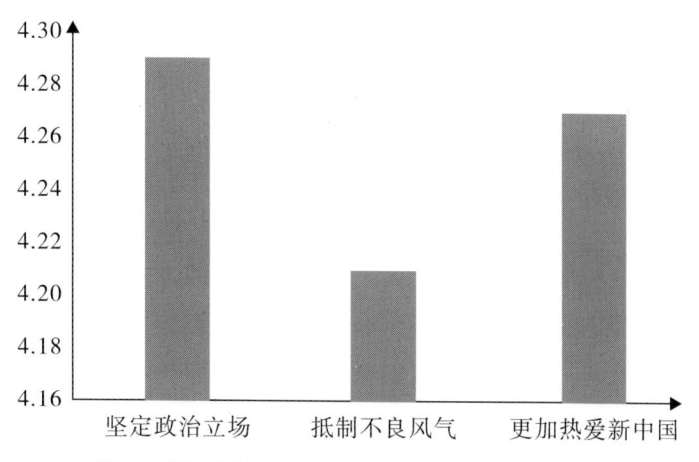

图1 视频案例对"思政"素质的影响程度平均分

对于个体因素中教师的知识储备、教学的课堂氛围、组织能力与教学态度，得分的极小值为2和3，极大值为5，均值都大于4分（满分为5），表明教师个人因素确实会较大程度地影响视频案例学习（见图2），其中平均分最高的是课堂氛围和教师的组织能力。

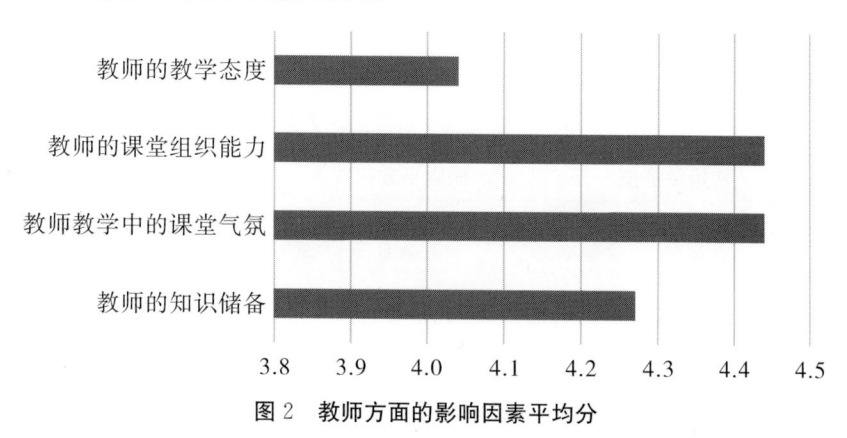

图2 教师方面的影响因素平均分

视频案例的内容、时间长度以及画面清晰流畅度三个项目的平均得分基本处于4分左右，可见大部分被调查者认为案例本身质量的高低会影响学习效果。对于播放设备、教室空间、桌椅等教学环境因素，三项的平均得分偏低，均在3~4分之间，该因素的影响程度相对较小。从学生个体因素的调查结果可以发现，平时课堂活动中举手发言的情况和课下与老师交流的情况并不理想，平均得分仅在2分左右，说明被调查者的学习主动性与积极性不高（见图3）。

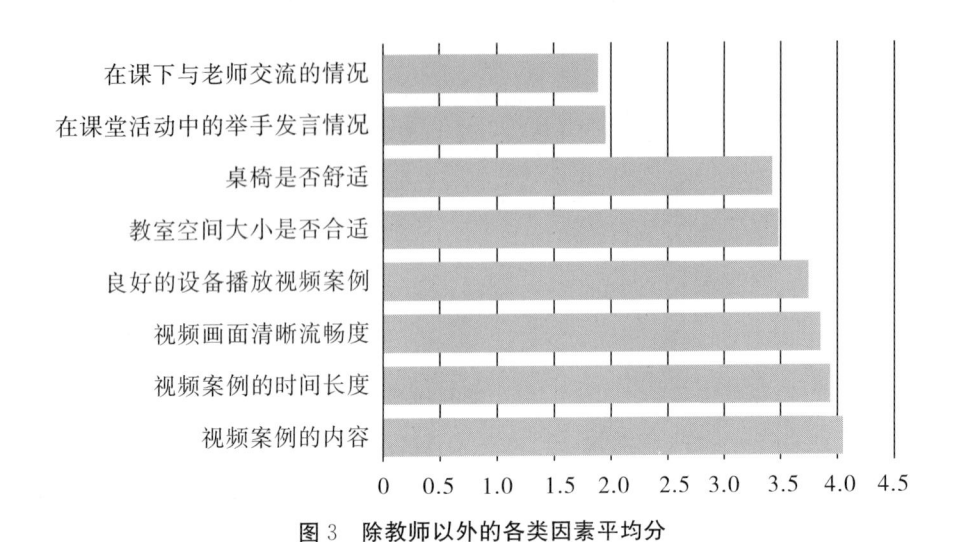

图3 除教师以外的各类因素平均分

图中条目（从上到下）：
- 在课下与老师交流的情况
- 在课堂活动中的举手发言情况
- 桌椅是否舒适
- 教室空间大小是否合适
- 良好的设备播放视频案例
- 视频画面清晰流畅度
- 视频案例的时间长度
- 视频案例的内容

2. 因子分析

通过SPSS软件对调查问卷进行因子分析，应用主成分分析法提取公因子，计算特征根值、方差贡献率和累计方差贡献率。如表1所示，问卷共提取7个公因子，7个公因子的累计方差贡献率达到80.967%，即这7个因子可解释原有变量80.967%的信息，表明这7个公因子基本反映了研究对象的特征。

表1 各类因子解释的总方差

成分	初始特征值 合计	方差贡献率%	累计方差贡献率%	提取平方和载入 合计	方差贡献率%	累计方差贡献率%	旋转平方和载入 合计	方差贡献率%	累计方差贡献率%
1	2.871	23.928	23.928	2.871	23.928	23.928	2.397	19.974	19.974
2	1.612	13.437	37.365	1.612	13.437	37.365	1.544	12.868	32.842
3	1.314	10.952	48.317	1.314	10.952	48.317	1.459	12.159	45.001
4	1.140	9.504	57.822	1.140	9.504	57.822	1.113	9.277	54.278
5	1.026	8.549	66.371	1.026	8.549	66.371	1.084	9.034	63.312
6	0.896	7.469	73.840	0.896	7.469	73.840	1.081	9.006	72.318
7	0.855	7.128	80.967	0.855	7.128	80.967	1.038	8.649	80.967
8	0.597	4.978	85.945						
9	0.542	4.514	90.459						
10	0.451	3.756	94.215						

续表1

成分	初始特征值			提取平方和载入			旋转平方和载入		
	合计	方差贡献率%	累计方差贡献率%	合计	方差贡献率%	累计方差贡献率%	合计	方差贡献率%	累计方差贡献率%
11	0.413	3.439	97.654						
12	0.282	2.346	100.000						

以方差极大化为标准进行因子正交旋转，得到旋转因子载荷矩阵和明确意义的公因子及其载荷（如表2所示）。通常因子载荷量的绝对值在0.4以上就表明该因子是显著的变量。超过0.5时可以认为是非常重要的变量。从表2的结果来看，所有因子的载荷值均在0.6以上，意味着所有因子都显著，不需要对题项进行删除。

表2 各类影响因素载荷值

	因素						
	因素1	因素2	因素3	因素4	因素5	因素6	因素7
视频案例的内容	0.669						
视频案例的时间长度	0.729						
视频画面清晰流畅度	0.826						
良好的播放设备	0.798						
教室空间大小		0.856					
桌椅是否舒适		0.839					
课上举手发言次数			0.797				
课下与老师交流次数			0.878				
教师的教学气氛活跃				0.928			
教师的课堂组织能力					0.950		
教师的教学态度						0.910	
教师的知识储备							0.980
方差贡献率	19.974%	12.868%	12.159%	9.277%	9.034%	9.006%	8.649%
累计方差贡献率	80.976%						

根据各个因素的载荷值分布，分别对其归属的主因子进行命名。第一个因素涵盖视频案例的内容、视频案例的时间长度、视频画面的清晰流畅度、良好的播放设备，反映了视频本身的质量及其播放的效果，将该因素命名为视频质

量。第二个因素包括教室空间大小、桌椅是否舒适，针对的是视频案例教学的外部环境，将该因素命名为教学环境。第三个因素聚焦学生课上举手发言次数、课下与老师交流次数，表现了教师与学生的沟通交流，将该因素命名为师生互动。第四个因素是教师的教学气氛活跃，将该因素命名为教学气氛。第五个因素是教师的课堂组织能力，将该因素命名为课堂组织。第六个因素是教师的教学态度，将该因素命名为教学态度。第七个因素是教师的知识储备，将该因素命名为知识储备。

3. 结果分析

如表3所示，影响视频案例教学效果的因素从高到低排序依次为视频质量、教学环境、师生互动、教学气氛、课堂组织、教学态度、知识储备。7个因素各有差异，从不同层面影响了视频案例的教学效果，所以在经济类"课程思政"建设过程中采用视频案例教学必须做到多方兼顾、协同发展。基于上述影响因素量化排序，总结出以下视频案例在经济类课程思政建设实践过程中存在的主要影响因素。

表3 影响视频案例教学效果的因素排序

第一	第二	第三	第四	第五	第六	第七
视频质量	教学环境	师生互动	教学气氛	课堂组织	教学态度	知识储备

视频案例质量方面的因素。将思政因素融入视频案例教学的核心就是视频本身的质量，优秀的思政视频案例能够迅速将学生带入情境，使学生沉浸在视频所呈现的氛围之中，激发情感共鸣，从而大幅度提高学生吸收思政知识的能力，最终达到提高思政教学和专业知识教学质量的目的。如果思政视频案例不能恰到好处地将思想政治教育理念融入专业知识讲授中，而仅仅是将思政内容与专业理论生硬拼接，就难以让学生沉浸在视频内容当中，激发情感共鸣。此外，视频素材老化、内容固化，与当前时代背景有所脱节等问题，也会导致学生注意力不集中、学习倦怠，甚至抵触视频教学方式，严重影响了教学效果。综上所述，只有优质的内容加上巧妙地运用才能发挥思政视频案例教学的最大作用，过长的视频、过低的画质、过差的播放效果等都会造成视觉疲劳，降低学生的体验感和参与热情，导致思政因素无法有效传递。

教学环境方面的因素。教学环境包括课堂空间环境和教学设备环境是开展教学的重要物质基础，良好的教学环境可以有效提高教学效果。教学技术手段的不断变革以及高素质人才培养的需求，给高校课堂空间和教学设备提出了更高的要求，从而需要教学环境的与时俱进。有些思政课程采用大班教学，在几

基于视频案例的经济类课程思政建设影响因素与对策研究

十甚至上百人的大教室里，学生难免出现注意力不集中、精神涣散、利用课堂时间做其他事情等问题；此外，教室空间布局和课桌椅的排列等也在一定程度上影响了学生学习主体性的发挥，一些学生习惯于坐后排位置，影响了其观看、听讲、讨论。因此，为了达到"思政"元素与专业课知识的有效融合，教学空间的安排、教室人数的限制、教室环境的布置等具有重要的作用。

师生互动方面的因素。在思政视频案例教学过程中，相关的知识多是教师向学生的单方面输出，这就十分考验教师的教学能力，不仅需要教师灵活组织对思政视频案例的讨论学习，还要教师能根据视频的播放进度适时提出能引发学生思考的问题，在与学生积极互动的过程中提高学生对视频案例教学的参与度，进而提高其对思政知识的吸收能力。在思政视频案例教学方式方面，有些教师将大部分时间用于陈述课本上的知识和自己有关这方面的经历与见解，没有及时就视频案例的内容展开有序讨论，忽略了学生对视频案例教学的适应情况，导致学生对视频案例传达的内容停留在较浅层次。此外，师生互动的缺乏也会使教学效果不能及时反馈，教师难以根据学生的课堂表现发现存在的问题，也不能在第一时间做出相应调整，阻碍了专业知识和思政知识的教学。

其他因素。①教学氛围方面。教学氛围会影响课堂教学的效果，影响学生的听课质量。从教师角度来看，教学气氛不好会影响上课的心理状态，在自身所做努力得不到良好回应后，有可能进一步降低教学水平，打乱思政教学的节奏进程，逐渐降低互动频次进而被动变成知识单向的输出；从学生角度来看，教学气氛不好会减少对所学内容的情感投入和接纳程度，不再去思考教师抛出的问题，从而演变成习惯性地灌输学习，机械地记录笔记，缺乏深度思考。②课堂组织方面。高校育人的主渠道是课堂，教师基本都是通过课堂这一主渠道发挥教学实效，但如果过于局限于课堂讲授，将无法发挥不同教学形式在人才培养中的功能，无法满足学生的学习需求。将思政视频案例嵌入经济类课程思政建设中，是变革传统教学形式的有益探索，但很多时候教师没有积极适应新的教学形势，不能主动改进并合理利用新的教学工具，教学组织形式过于单一，课堂内外的思政教学时间没有得到有效利用。③教学态度方面。思政视频案例教学过程中，呈现的视频、讲述的方式等都是教师教学思想、专业风格和思政理念的具象化，一些教师落实新课改理念的程度不够，没有主动将思政教育和专业教学相结合，视频案例脱离了思政目标，使得经济类专业教学与时代脱节、与思政脱钩。④知识储备方面。大部分经济学教材偏重于经济理论，缺乏经济政治时事分析和政策解读，如果教师不能对教材进行深入研讨，不断扩展前瞻研究成果，充分挖掘思政元素，在授课时就不能将经济学理论与实际情况的应用有机结合，深入讲解理论精髓，不能向学生传递经济学课程中所蕴含的思政价值。

四、应对策略

（一）个体方面

完善"课上课下"互动机制，为师生沟通交流搭建桥梁。问卷调查和量化分析结果都显示教师与学生之间的交流互动，能提升思政视频案例融入经济类专业课程的教学效果。调动学生的学习积极性，增加经济类课程思政的效能。教师要与学生进行充分的沟通交流，在课上根据视频教学内容适时提出相应的问题，引导学生深入思考，参与课堂讨论。在课下给予学生人文关怀，及时询问学生的课堂感受，收集学生的反馈意见，可以采取召开线上讨论会、建立课程QQ群等形式，结合时政热点、社会发展、经济形势、文化传承等布置有探究性、学术性的作业，培养学生分析问题、解决问题的能力，将思政元素注入经济类课程教学全过程，为学生建立与教师随时交流的渠道，实现有深度和有温度的课程思政。

营造良好教学氛围，促进课程思政教学过程有效开展。问卷调查的实证结论表明：在思政视频案例融入经济类专业课的过程中，教学氛围有着突出的作用。思政视频案例巧妙地融入经济类专业课堂教学，可以吸引学生的注意力，激发学生参与思政视频案例的分析和讨论的积极性，增强思政元素的活力。教师要时刻关注学生听课状态的变化，利用不同教学手段和教学信息活跃课堂氛围，引导学生进行课堂思考和积极参与讨论，为学生营造出感性与理性自然交融的教学气氛，使学生在良好的氛围中由内而外、主动自觉地学习和思考思政视频案例，潜移默化地受到革命先烈和先进模范人物的感召。

融合多种教学组织形式，丰富思政教学平台。经济类课程思政建设要将传统教学方式的优势和网络化教学、新媒体工具的优势结合起来，课内学习与课外实践、线上教学与线下讨论相互融合，充分调动学生作为学习主体的主动性、积极性、参与性、创造性。教师要科学安排教学环节，既不能囿于专业知识对思政部分不闻不问，也不能占用过多专业课知识讲授时间，同时要把课堂外的研究性学习逐渐渗透到课内学习过程中，打造多样化思政教学形式，鼓励学生参加相关知识竞赛、科研项目和社会实践等，以课堂内外的多种形式提升学生的思政素养。

（二）案例方面

根据问卷调查结论，思政视频案例自身的质量会直接影响教学效果，推进经济类课程思政视频案例库建设，发挥优质案例的育人价值，是突破这方面障碍的有效途径。充分利用互联网和经典红色影视资源，选取紧扣专业教学主题，内容真实有效，涵盖经典与热点话题思政内容的优质视频素材，形成案例库。考虑到课堂时间长度，一般的视频案例尽量控制在 8 分钟左右，以便有充足的时间进行理论知识教学，组织学生讨论和课堂点评。通过视频所展现的典型问题将学生完全带入案例情景，给予学生沉浸式的教学体验，引导学生对专业知识和思想政治内容进行深度思考，并给学生提供积极正面的思政导向。而对于时间较长的视频案例，可以倡导学生课外观看，或作为课后作业完成。此外，在教学结束时及时进行总结反思，组织正式或非正式的会议研讨分享视频案例使用心得，共建共享经济类课程思政视频案例平台。

（三）教学情境方面

加大对经济类课程思政建设的支持力度，优化教学设施环境。首先在班级规模方面，每门课程应当设置适宜的人数，尽可能使班级规模与教室大小相匹配，创设舒适的教室学习空间，以满足学生的空间归属感。其次在教室设计方面，教室桌椅摆放和排列应该方便走动，条件满足的情况下选用可移动桌椅，打造开放的空间格局，教师可以根据视频案例内容或专业教学需要调整教室空间布局，如根据讨论任务安排成圆桌型或小组型等。再次在教学设备方面，应当及时更新教学环境中的各种音视频多媒体设备，保证视频案例的顺利播放。保障校园的网络环境，定期对教室的各类电子设备进行检查维修，尽可能给学生创造一个更为"沉浸式"的学习环境。如果条件具备，还可以在教室摆放绿植，调节紧张的学习氛围。

参考文献：

[1] 定明捷，王远伟，石燕芳. 基于创新型人才培养的行政管理专业案例教学质量影响因素探析 [J]. 教师教育论坛，2019，32 (11)：22-30.

[2] 方雪晴. 案例教学法在行政管理学科教学中的应用现状及对策 [J]. 高教学刊，2016 (19)：123-124.

[3] 格日乐图. "中国梦"主题教育融入大学生思想政治教育途径研究 [J].

内蒙古师范大学学报（教育科学版），2013，26（5）：60−63.

［4］顾瑾. 试论学生批判精神培养的德育路径［J］. 教育探索，2011（12）：121−123.

［5］胡思琪，张影. 基于"活动—角色"中心的高校课堂案例教学模式研究［J］. 黑龙江教育（高教研究与评估），2017（7）：26−29.

［6］贾松伟. 课程思政在护理专业案例教学中的应用［J］. 卫生职业教育，2021，39（2）：116−117.

［7］金艳清，罗卯英，熊明. 基于多重中介的互联网技术利用对高校案例教学效果影响的实证研究［J］. 南昌工程学院学报，2020，39（5）：95−99.

［8］李陈，曲大维，孟卫军. 案例教学法在专业课"课程思政"中的应用［J］. 宁波教育学院学报，2019，21（4）：1−4.

［9］梁洁. 参与式案例教学模式在《公共财政管理》课程中的应用研究［J］. 大学（研究版），2017（11）：42−47.

［10］刘强，王连龙，陈晓晨. 中小学班级环境的现状及改善策略——基于北京市海淀区中小学的调查［J］. 教育研究，2016，37（7）：66−73.

［11］刘为军. 资讯微视频案例对经管类课程教学效果的影响研究［J］. 科教文汇（上旬刊），2016（12）：82−83.

［12］刘新楼. 微观经济学案例教学效果的影响因素与应对措施［J］. 福建茶叶，2020，42（1）：137.

［13］罗恒，曾兰，杨婷婷. 网络环境下的案例教学：在线讨论的效果及影响因素分析［J］. 中国远程教育，2019（5）：37−46，92−93.

［14］芈凌云，王文顺，俞学燕，等. 基于MBA学员视角的案例教学效果影响因素实证研究［J］. 黑龙江高教研究，2018，36（11）：139−144.

［15］孙伟，杨文. 工商管理学硕士研究生参与管理案例教学的影响因素研究［J］. 武汉冶金管理干部学院学报，2017，27（3）：33−39.

［16］汪国利. 管理会计教学中案例教学法的应用研究——评《管理会计案例示范集》［J］. 征信，2020，38（11）：2.

［17］王宏，符勤怀，李君，等. 典型案例教学法在儿科学理论教学中的应用［J］. 卫生职业教育，2009（2）：72−73.

［18］王积超，李俊南. 案例教学效果满意度影响因素的社会学研究［J］. 黑龙江社会科学，2021（2）：42−52.

［19］吴应甲. 公安院校参与式案例教学面临的问题及对策探究——以水域警务法律概论课程开发与设计为例［J］. 现代职业教育，2019（31）：40−42.

[20] 谢晓专. 案例教学法的升华: 案例教学与情景模拟的融合 [J]. 学位与研究生教育, 2017 (1): 32-36.

[21] 谢振莲, 袁振兴, 王巧义, 等. 财务管理专业初级、中级财务管理课程内容体系划分与整合——河北经贸大学财务管理专业教学实践总结 [J]. 河北经贸大学学报（综合版）, 2010, 10 (2): 117-121.

[22] 徐东华, 赵冬, 李艳. 案例教学模式优化探索与实践 [J]. 北京电子科技学院学报, 2017, 25 (3): 70-80.

[23] 杨文光. "一流课程"建设视域下市场营销课程案例教学实践研究 [J]. 对外经贸, 2020 (9): 141-144.

[24] 赵曙明. 加强中国案例开发与教学, 构建创新型人才培养模式 [J]. 管理案例研究与评论, 2017, 10 (5): 429-432.

[25] 周龙. 简析工商管理教学中案例教学的应用 [J]. 中国市场, 2017 (30): 233-234.

[26] 祝虹, 杨勤刚. 大学生思想政治素质评价的内容和方法研究 [J]. 华中农业大学学报（社会科学版）, 2008 (6): 83-87.

[27] 邹宝林, 应燕萍, 杨丽, 等. 基于案例教学的护理管理学课程思政建设的探讨 [J]. 智慧健康, 2020, 6 (5): 22-23, 28.

[28] BAKER E B A. Multimedia Case-based Instruction in Literacy: Pedagogy, Effectiveness, and Perceptions [J]. Journal of Educational Multimedia & Hypermedia, 2009, 18 (3): 249-266.

[29] MUSSA C. Access and Use of Internet in Teaching and Learning at Two Selected Teachers' Colleges in Tanzania [J]. International Journal of Education and Development using Information and Communication Technology, 2018 (2): 4-16.

[30] LEWIN K. Principles of Topological Psychology [M]. New York: Mc Graw, 1936: 985.

关于分批次小班化教学的几点思考

邓忠奇[①]

摘 要：四川大学自 2010 年起以课堂为突破口，开启了"探究式小班化"教学改革，并于 2018 年荣获"国家级教学成果奖（特等奖）"，成绩显著。在取得良好成绩的同时，探究式小班化教学也暴露出一些问题。最突出的问题是，当选课人数较多时，小班化教学必然面临由于上课人数超过课堂容量而不得不分批次，分教师上课的问题。那么，在分批次小班化教学的过程中，如何确保所有学生公平高效地获取知识，成为一个不可避免的现实问题。笔者结合自身的授课情况，对相关问题给出了几点思考。

关键词："探究式小班化"教学；分批次小班化教学；知识获取；公平

自 2010 年起，四川大学以课堂为突破口，开启了"探究式小班化"教学改革，努力打造"学生转身能遇好老师，校园随处可见讨论者"的理想校园环境。经过十余年的探索和发展，四川大学在探究式小班化教学改革过程中积累了丰富经验，目前已成功举办五届"探究式小班化"教学竞赛（第一届在四川大学经济学院举办），并于 2018 年荣获"国家级教学成果奖（特等奖）"。然而，在取得良好成绩的同时，探究式小班化教学也暴露出一些问题，解决好这些问题有助于促进探究式小班化教学更好地发挥作用，也有助于学生在探究中加深对所学知识的理解，为学生今后的工作和继续深造奠定扎实的专业基础。在这些问题中，最突出的是，当选课人数较多时，小班化教学必然面临由于上课人数超过课堂容量而不得不分批次、分教师上课的问题。那么，在分批次小班化教学的过程中，如何确保所有学生公平高效地获取知识，成为一个不可避免的现实问题。作为一线教师，笔者将结合自身的授课情况，对相关问题给出

[①] 邓忠奇，四川大学经济学院副教授、硕士研究生导师。

几点思考。

一、分批次小班化教学如何提高教师激情

在过去大班化授课时，一个班级可以容纳一两百名学生，一学期一门课程教师只需要上一次。但在实行小班化教学后，教师需要对同一门课程的、被拆分到四五个班级的学生进行授课。一学期下来，一位教师需要重复讲授该课程四五次。从经济学分工的思想看，重复劳动或可提升工作效率，但教师这个职业与普通工人不同，更依靠脑力劳动，重复劳动更易使教师出现激情减退甚至麻木的情况。那么，在分批次小班化教学的过程中，如何确保教师始终满怀激情，对授课批次靠后班级的学生而言非常重要。为了解决这个问题，或许可以尝试由多位教师组成课程组，再让不同的教师针对不同班级授课，这样教师就不用重复授课。但是这种做法也会带来其他问题，比如，学生往往倾向于选择某一位他们认为授课质量高、风评好的教师，而不愿意选择其他教师。因此，不管怎样设计选课规则，总是无法令所有学生满意。事实上，不同教师的授课质量确实存在差异，尽管同一门课程的授课教师不同，考核内容却一样，这会造成不公平。此外，随着大学扩招，大多数学校的师生比都较低，没有足够的师资队伍来确保对所有专业课程实行小班化教学，因此这部分学校的小班化教学基本上都面临教师重复授课的问题。

本文认为，在分批次小班化教学的过程中，可以尝试以下几点做法来提高教师授课激情：第一，合理安排授课时间。当重复授课任务较重时，尽量避免教师在同一天被安排较多的课程。例如在上午已经安排四节课程量的情况下，如果下午还有排课，授课教师将非常疲惫。第二，小班化教学并非适合所有课程，对于部分通识课、选修课，可以保持大班化教学。同时，根据选课人数，适当调整教学工作量的计算方式，避免教师为了教学工作量而过度拆分课程。第三，适当调整授课顺序。例如，假设周一、周二、周三要开设同一门课程，那么可以从周二开始授课，这样周三只用重复一次，下周一仍讲授上一周的内容，周二开始上新的内容，以此类推，这样教师不至于因重复授课而感到疲惫。

二、分批次小班化教学如何确保考核公平

分批次小班化教学后，不论是同一位教师负责不同的小班，还是课程组

教师各自负责各自的小班，都难以避免产生考核不公平的问题。以笔者2018年开设的本科生某必修课程为例，该课程分为四个班级，根据上课时间的先后顺序将之称为01班、02班、03班和04班。图1展示了这四个班级的期末卷面成绩分布。从中可以看出，上课时间最早的01班的成绩分布最靠左；02班的分布相对靠右，成绩期望值较高；03班和04班的成绩期望值介于01班和02班之间，但04班的高分成绩相对较多。出现这些现象的可能原因有以下几点：第一，01班上课时间最早，是教师在一星期中第一次授课，因此可能课程准备不够充分。相比之下，由于教师已在01班讲授了一遍课程，对课程内容和学生的课堂反映更了解，因此教师对其余班级更加游刃有余。第二，一般而言，教师会在后面班级的课堂讲授已在前面班级教过的知识点，但部分在后面班级讲授的知识点，却很难回过头对前面班级同学进行讲解。教师只能在下周进行补充，而下周又有新的授课内容，补讲上周知识往往效果不佳。第三，由于重复授课，教师的激情减退，因此03班和04班的平均成绩低于02班。总的来看，分批次小班化教学确实可能存在一定程度的考核不公平问题。

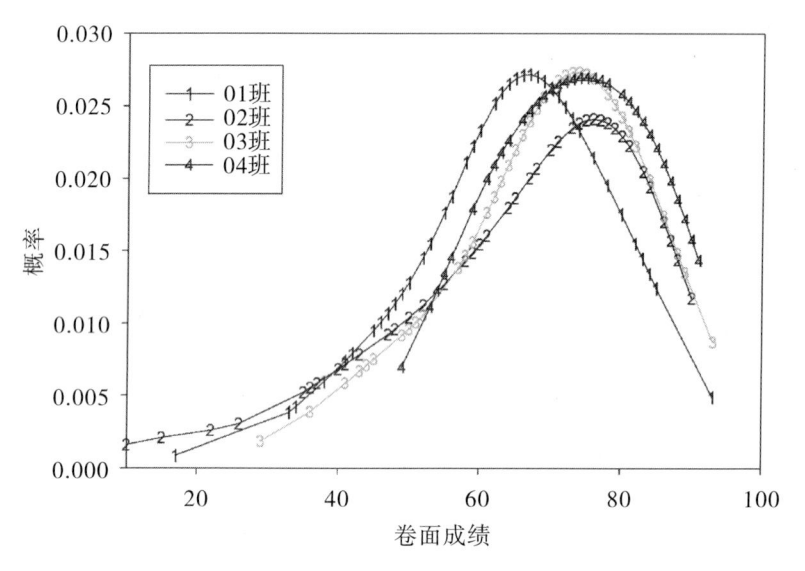

图1 同一课程四个班级卷面成绩的分布函数

针对相同教师开设同一门课程而产生的不公平问题，本文认为需要做到以下几点：第一，严格按照教学计划授课，不随意改变后上课班级的教学内容，做到不同班级接受的课程内容一致；第二，课前做好备课工作，不能以第一个班级作为熟悉教案的"试验品"，而是要认真、负责、平等地对待每个班级；

第三，定期组织课程答疑，掌握学生学习情况，一旦发现某个班级的学习情况明显差于其他班级，就要及时总结原因并做出调整；第四，如果在期末考试前安排答疑环节，应尽量以线上的方式进行，以便让所有班级的学生同时参加，避免不同班级的学生接收信息不一致。

此外，关于不同教师开设同一门课程产生的不公平问题，主要表现为以下几点：第一，同一课程组的教师有的给分很高，有的给分很低；第二，有的教师课堂质量较高，有的课堂质量较低；第三，有的内容部分教师讲了，其他教师没讲。针对这些问题，本文认为需要做到以下几点：第一，统一课程组教学大纲、教材以及教辅资料等，以保证所有班级的学生所接受的教学内容相同。第二，尝试流动授课模式。比如在半学期后，课程组教师可以调换各自授课的班级。第三，课程组要保持交流，定期培训，确保课堂教学质量不存在太大的差异，并根据学生的反馈意见及时作出调整。第四，考核内容应由课程组同时商定，避免"今年你出题、明年我出题"的情况，同时尽量保持流水线阅卷。第五，对于平时成绩，应当对不同教师的给分进行标准化处理，确保不同班级的平均分大体接近。例如，假设有4位教师分别给4个班授课，每个班15人，每位学生的卷面成绩由表1给出。从表1可以看出，授课教师丁给分明显比较宽松（班级4的平均分为87分），而授课教师甲则给分明显比较严格（班级1的平均分为82分）。假设每个班级的生源质量相近，那么可以发现班级1的平均分比班级4低5分，这并不公平。

表1 标准化前的学生成绩

授课教师甲		授课教师乙		授课教师丙		授课教师丁	
班级1		班级2		班级3		班级4	
学生1	80	学生16	81	学生31	83	学生46	85
学生2	85	学生17	86	学生32	89	学生47	89
学生3	70	学生18	70	学生33	74	学生48	78
学生4	95	学生19	96	学生34	100	学生49	96
学生5	75	学生20	77	学生35	77	学生50	79
学生6	80	学生21	82	学生36	83	学生51	90
学生7	95	学生22	96	学生37	96	学生52	100
学生8	80	学生23	81	学生38	82	学生53	88

续表1

授课教师甲		授课教师乙		授课教师丙		授课教师丁	
学生 9	86	学生 24	88	学生 39	91	学生 54	88
学生 10	89	学生 25	90	学生 40	90	学生 55	98
学生 11	80	学生 26	82	学生 41	85	学生 56	88
学生 12	84	学生 27	86	学生 42	86	学生 57	87
学生 13	73	学生 28	74	学生 43	79	学生 58	74
学生 14	90	学生 29	90	学生 44	95	学生 59	95
学生 15	68	学生 30	69	学生 45	72	学生 60	70
平均分	82.0	平均分	83.2	平均分	85.5	平均分	87.0
标准差	8.31	标准差	8.33	标准差	8.14	标准差	8.69
所有样本平均分			$\bar{x}=84.4$				
所有样本标准差			$s=8.39$				

为了修正不同教师主观评价差异导致的不公平，可以按照以下公式对原始成绩进行标准化处理：

$$\hat{x}_{ij} = \bar{x} + \frac{x_{ij} - \bar{x}_i}{s_i} s \tag{1}$$

其中，x_{ij} 表示班级 i 中学生 j 的原始成绩，$\hat{x}_{ij}$ 表示班级 i 中学生 j 的标准化成绩；$\bar{x}$ 表示该课程所有学生成绩的平均值，s 表示该课程所有学生成绩的样本标准差；$\bar{x}_i$ 表示班级 i 中学生成绩的平均值，s_i 表示班级 i 中学生成绩的样本标准差。

可以证明，在班级 i 中 $\hat{x}_{ij}$ 的平均值等于 $\bar{x}$，在班级 i 中 $\hat{x}_{ij}$ 的标准差等于 s，这就相当于把所有班级的原始成绩进行了标准化处理，使每个班级成绩的均值都等于所有样本的均值，使每个班级成绩的标准差都等于所有样本的标准差，从而增加了不同班级成绩的可比性。当然，在特殊情况下，根据（1）式进行标准化处理后，$\hat{x}_{ij}$ 可能大于 100 分，此时取上界 100 即可。基于表1的原始成绩，标准化后的成绩由表2给出。将表2与表1进行对比可以发现，在表1中，四个班级的原始成绩差异较大，班级4的均值大于班级3，大于班级2，大于班级1，而且四个班级成绩的标准差也存在较大差异，班级4达到8.69，而班级1只有8.31；从表2可以看出，标准化后，四个班级的平均成绩都等于所有样本的均值（即 84.4），四个班级的标准差都等于所有样本的标准差（即 8.39），从而在较大程度上排除了不同班级因为由不同教师评分而产生的系统性偏差。

表 2　标准化后的学生成绩

授课教师甲		授课教师乙		授课教师丙		授课教师丁	
班级 1		班级 2		班级 3		班级 4	
学生 1	82	学生 16	82	学生 31	82	学生 46	82
学生 2	87	学生 17	87	学生 32	88	学生 47	86
学生 3	72	学生 18	71	学生 33	73	学生 48	76
学生 4	98	学生 19	97	学生 34	99	学生 49	93
学生 5	77	学生 20	78	学生 35	76	学生 50	77
学生 6	82	学生 21	83	学生 36	82	学生 51	87
学生 7	98	学生 22	97	学生 37	95	学生 52	97
学生 8	82	学生 23	82	学生 38	81	学生 53	85
学生 9	88	学生 24	89	学生 39	90	学生 54	85
学生 10	91	学生 25	91	学生 40	89	学生 55	95
学生 11	82	学生 26	83	学生 41	84	学生 56	85
学生 12	86	学生 27	87	学生 42	85	学生 57	84
学生 13	75	学生 28	75	学生 43	78	学生 58	72
学生 14	92	学生 29	91	学生 44	94	学生 59	92
学生 15	70	学生 30	70	学生 45	71	学生 60	68
平均分	84.4	平均分	84.4	平均分	84.4	平均分	84.4
标准差	8.39	标准差	8.39	标准差	8.39	标准差	8.39
所有样本平均分	$\bar{x} = 84.4$						
所有样本标准差	$s = 8.39$						

数据来源：笔者计算所得。

根据（1）式可以看出，标准化前平均成绩较低的班级（教师评分比较严格），在标准化后，平均成绩将有所提升；而标准化前平均成绩较高的班级（教师评分比较宽松），在标准化后，平均成绩将有所下调。此外，（1）式还表明从 x_{ij} 到 $\hat{x}_{ij}$ 并不是单调变换，从图 2 可以看出，标准化处理后学生成绩排名有所变化。也正因为如此，进行标准化处理显得很有必要。比如，学生 52 由第 1 名下降为第 6 名（因为其所在班级成绩整体上比较宽松），学生 12 由第 33 名上升为第 25 名（因为其所在班级成绩整体上比较严格）。但可以看出，除了个别学生外，学生成绩排名变化不是太大，这从侧面说明了该标准化方式的合理性。

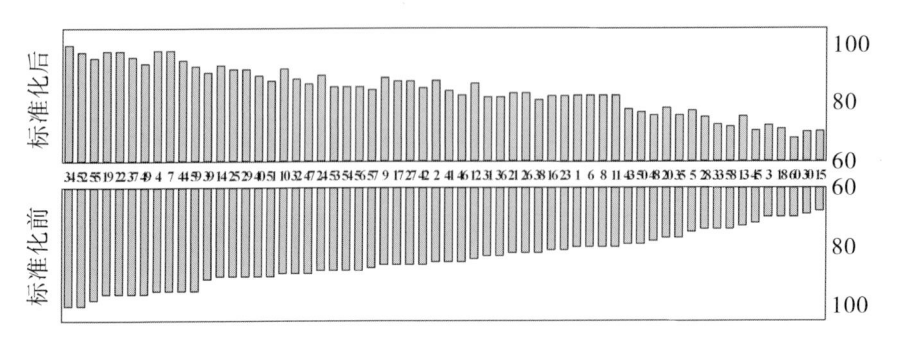

图 2　标准化前后 60 名学生的成绩

注：横坐标为学生编号，数据来自表 1 和表 2。

三、分批次小班化教学如何激励学生探究

小班化教学主要有两个目的：一是确保学生在小课堂上能更好地接受知识，避免出现在大课堂上精力不集中、偷懒懈怠的情况；二是拉近师生距离，从而引导学生思考、探究和互动，即所谓的探究式教学。然而，从现实教学情况看，做到"小班化"相对容易，做到"探究式"却比较困难。本文认为，为了在小班化教学过程中激励学生探究，可以采取以下几点措施。首先，增加鼓励学生科研探索的过程考核内容，并做好相关记录。在小班化教学过程中，应当避免应试教育的弊端，注重考核学生的学习过程、科研潜质和探索精神。在大班化教学时，较多的过程考核会给任课教师带来很大的工作量，但是小班化教学由于课堂人数少，因此多几次过程考核并不会增加太大的工作量。其次，增加学生课堂展示次数。学术探究并不是天方夜谭，而是需要大量的知识储备，本科阶段正是学生精力充沛、学习领悟力强的时候，因此鼓励学生探究，首先就需要鼓励其扩大文献阅读量，让学生在精读、细读文献的过程中进步。倒逼学生做到这一点最好的方法就是增加课堂展示机会。在大班化教学过程中，因为时间有限，往往只能让学生分组讨论，这导致大量"搭便车"的情况出现。而在小班化教学中，学生人数少，基本可以避免"搭便车"的情况，从

而能更充分地锻炼学生学习能力，并且更公平地进行课程考核。最后，鼓励学生在本科阶段选择学术导师。目前，学院虽然为经济系拔尖班配备了学术导师，但往往是一些年纪较大的老同志，由于年龄代沟和知识体系更新换代等原因，学生向学术导师求教的情况并不理想，对此可以适当增加年轻教师作为本科学生的学术导师，拉近师生距离。

关于宏观经济学教学的几点思考

赵 达[①]

摘 要：结合近十年宏观经济学教学经验，笔者认为，中国特色宏观经济学要密切联系国内外学术前沿，应更具可操作和可实践性，深入挖掘中国制度优势，应具有一般启发性，应该广泛借鉴学界主流经济学教材，应实现经济学通俗化和简单化。

关键词：宏观经济学；学术前沿；实践性；制度优势

笔者讲授本科宏观经济学近十年，在此过程中有以下几点感触，希望能够对当前课程建设提供一些启发。

一、中国特色宏观经济学要密切联系国内外学术前沿

多数宏观经济学教材仅限于理论层面的讲解，虽然对于初学者来说无可厚非，但是在学生看来，可能会有空中楼阁之感。比如在讲授CPI时，一般教科书都会提到其替换偏差等偏差来源，其中较为重要且容易被忽视的是质量偏差。笔者发表于《经济学动态》的一篇文章首次对中国消费品质量偏差进行了度量，发现中国耐用消费品的质量增速约为5.74%（其中77%被误记为通胀），显著高于其他国家。相比之下，食品质量增速仅为0.19%。因为耐用消费品占比较低，所以质量偏差对于感知偏差的影响有限（赵达等，2021）。将这篇文献加入课程讲义，学生便能对中国现实情况有更为直观和深入的理解。再比如消费章节，对于李嘉图等价的检验是经济学经典问题，直接关系到税收政策的有效性和政策设计。笔者发表在《统计研究》的文章，首次基于较为高频的数据发现，中国个人所得税法修正案获得通过时，工薪家庭消费便已显著增加，并在正式实施时达到最大，随后逐步下降，两个月后达到较高稳态（约

[①] 赵达，四川大学经济学院副教授、硕士研究生导师。

为 0.20），但在统计意义上并不显著，与既往研究不同，这说明税收减免只在短期提高家庭消费（赵达等，2020）。该文章能够较好地嵌入主流宏观经济学教材的核心内容，同时对于培养学生经世济民情怀有所助力。相比之下，西方主流宏观经济学教材鲜有涉及中国的案例研究。可喜的是，近年来各大高校对于经济类教材建设更加重视，内容也越来越丰富多样。

二、纸上得来终觉浅，中国的宏观经济学应更具可操作和可实践性

近年来，部分学科大学教育内容与业界岗位需求脱节等问题广受大众关注。比如在讲货币供给章节时，鲜有教材提及中国人民银行资产负债表。然而在业界如证券公司，该表是理解中国基础货币创造过程和外汇占款等核心概念的重要载体。再比如讲解开放经济下的 IS-LM 模型时，很多学生对于资金流和实物流之间的关联性、经常账户盈余与资本流入流出的关联性等知识点未能准确把握。在这个时候，国家外汇局国际收支平衡表和余永定老师发表在众多媒体上的有关中国、日本和东南亚国家国际收支平衡分析的科普类文章，有助于为此提供丰富的材料。类似的，克鲁格曼所提不可能三角形已成为宏观经济学核心知识点，但是学生在未来走向政策研究岗位后，当中国经济面临如此困境时，未必能够基于该知识点提出自己的建议。一个现实案例是 2016 年前后，中国想通过货币政策促进内需，同时开放国际资本流动，那么中国将无法让人民币汇率维持在现在的水平。彼时伯南克推荐的方法是有针对性的财政政策，从而缓解三者间的矛盾。但是一般情况下，学生并不会想到这个政策工具，这也在一定程度上说明当前教材的外延性有所不足。

三、中国宏观经济学教学还必须深入挖掘中国制度优势

在笔者看来，中国一个较为基础性的特色制度就是土地公有制或农村土地集体所有制。当然从学术的角度来讲，这些安排仍有不断改进完善的空间，但是相比于众多发展中国家，特色土地制度对经济发展的意义重大。比如在区域规划布局方面，部分发展中国家需要消耗巨大资金从私人部门取得所需土地，且面临层层阻力，这明显会对经济效率造成不利影响。再比如，发生汶川地震等局部灾害时的对口支援在西方国家不易实施，且西方主流经济学界并未进行

深入研究。类似的,习近平总书记多次提到中国共产党不代表任何利益集团的特殊利益,这是与国外政党的重要区别。那么,这将如何对不平等和共同富裕等一系列重大议题产生影响均值得思考。

四、宏观经济学教学不应局限于简单说教,还应具有一般启发性,即引导学生思考现实问题

经济学有时被称为经济学帝国主义,这从侧面反映出经济学研究对象的广泛性。比如传统宏观经济政策主要包括财政政策、货币政策和贸易政策。然而在中国,一些宏观政策的实施往往需要组织部门、纪律检查部门和宣传部门予以配合才能取得较好效果。这就要求学生广泛阅读社会学、法学和公共管理等其他学科经典书籍。从核心期刊发表经历来看,不少文章的想法或创新点往往也来自日常观察,如财新等新闻媒体深度报道。再比如,中国的国有企业改革方向即逐步由管资产向管资本转变,其对国有企业和民营企业的影响如何,如何重塑了新型举国体制等前沿问题很值得思考。因此,可以考虑在作业布置等加入一些新闻事件,请学生用所学经济学原理进行解释。如果能从现实观察中提炼出理论创新点更好。

五、好的宏观经济学讲义应该广泛借鉴学界主流经济学教材

目前西方主流经济学教材包含曼昆、伯南克、威廉姆森、布兰查德和多恩布什等版本。这些教材虽然基本内容保持一致,也有不足之处,但是在语言表达、逻辑结构和侧重点等方面存在较大差异。比如曼昆对内生增长理论一笔带过,威廉姆森在讨论劳动力市场时着墨颇多,伯南克对货币与金融市场介绍更贴近现实。相应的,央行行长易纲所著的《货币银行学》对该领域文献的梳理点评,以及李斌和伍戈的一些著作为理解中国货币政策运作逻辑提供了独特视角。这就要求教师在讲义制作过程中基于自己的理解博采众长,包括但不限于证券公司经典报告。从培养层次看,了解众多经济学典型事实和基本的宏观经济学模型虽然对于本科生而言足矣,但是对于那些将来有志于深造的同学略显不足。因此,可以拿出一个月左右的时间对中级甚至高级宏观经济学中所涉及的模型做简单介绍,比如拉姆齐或跨期迭代模型或递归建模。当然,作为本科

生并不需要掌握具体的技术细节，其目的在于搭建和学术的桥梁。换言之，其在于展示如何把现实故事转化为学术通用语言进行表述。比如用大白话也能把社保运行的基本逻辑进行阐述，但跨期迭代模型能使该想法更显性和可视化，也为更深入的研究提供基本的"操作系统"。

六、宏观经济学教学应达到一个简单的境界

宏观经济学教学应简单化，让学生快速理解。比如一个基本的索罗模型，其映射到家长教育孩子，便是现在不好好学习将来就要吃苦。换言之，人力资本投资太低就无法形成积累或高资本，那么收入或产出就会比较低，自然也不会有太多娱乐支出。当然，人力资本投资过高也未必是好事。虽然这会导致产出较高或者知识存量较高，但是折旧或者所遗忘的知识也会越多，即被大自然拿走的部分越多。因此，如何平衡当前学习、当前娱乐与未来娱乐之间的关系是索罗模型的本质。

总之，如果学生对一门课或一个章节没法用一句话高度凝练，或者用很简单且通俗的语言表述出来，那么在一定程度上我们有理由认为学生并未吃透该门课程。

参考文献：

[1] 赵达，沈煌南. 中国 CPI 感知偏差再评估：新视角、新方法与新证据[J]. 经济学动态，2021（5）：48-63.

[2] 赵达，王贞. 个人所得税减免有助于中国城镇家庭提高消费吗？[J]. 统计研究，2020，37（5）：27-39.

提高计量经济学辅修课程教学质量的思考

段龙龙[①]

摘　要：教学目标和内容定位不明确，理论教学与实验教学脱节，重理论而轻应用是当前计量经济学辅修课程教学中主要存在的三大问题。造成这些问题的原因主要有：课程设置不合理，缺乏相应的教材和学生习惯于被动的学习方式。因此，想要提高计量经济学辅修课程的教学质量，必须从教材质量化、改进教学方法以及改善教学条件等方面采取措施。

关键词：计量经济学；辅修；教学质量；教学方式

一、引言

计量经济学是以经济理论和统计数据为基础，运用数学和统计学方法，通过建立数量模型来研究经济现象的数量关系和变动规律的一门经济学科。它产生于20世纪30年代，当时西方国家发生经济总危机，从而使传统的经济理论陷入破产，企业和政府为了研究和分析经济景气和经济周期运动规律、进行政策模拟和政策评价、预测经济波动和防范经济危机，迫切需要有一种新的理论方法作指导，在这种背景下计量经济学学科应运而生。由于计量经济学提供了经济分析的一种新方法论，因而自诞生以来日益成为经济学领域最重要和最有影响的应用经济学科之一。著名的经济学家萨缪尔森曾说："第二次世界大战后的经济学是计量经济学的时代。"[②] 特别是随着计算机技术的发展，计量经济学已经成为经济分析和经济管理决策的一门重要工具性的应用经济学科。在现代世界一流大学的经济学课程设置中，计量经济学已经成为经济学及相关专

---

① 段龙龙，四川大学经济学院副教授、硕士研究生导师。
② 转引自王涛：《计量经济学的时代》，《统计与咨询》，2014年第6期。

业学生必修的最具权威的课程之一。可以说，计量经济学教学水平的高低，已经成为决定经济学专业学生素质好坏的重要影响因素之一。

由于种种原因，计量经济学在中国的应用与发展较晚。1998年7月，教育部高等学校经济学学科教学指导委员会第一次会议首次将计量经济学作为高等学校经济学门类各专业的八门共同核心课程之一。自此之后，计量经济学课程在我国的经济类各专业教学中越来越受到重视，教学内容不断丰富，教学水平不断提高。特别是，计量经济学作为与西方经济学、政治经济学并列的三大经济金融类核心课程，开始全方位地布局在经济学本科专业和经济学辅修专业课程设置中，对教学质量和学生综合素质提出了更高的要求。计量经济学是一门可文可理，大量使用数理模型和计算机工具的特殊课程，许多高校一线教师在授课过程中也出现了教学目标与教学效果不匹配、教学工具使用和学生自学能力不衔接、教学策略陈旧等问题，在辅修班级中，这种问题尤为凸显。为此，本文的余下部分将着重探讨辅修课程中计量经济学教学质量的提高路径问题，我们首先关注当前本科辅修专业中计量经济学教学现状与存在的突出问题；其次分析造成本科辅修计量经济学教学质量不高的原因；最后探讨提高本科辅修专业计量经济学教学质量所要解决的基本问题以及应采取的具体对策。

二、本科辅修计量经济学教学存在的问题

（一）教学目标与内容定位不明确

当前国内本科辅修计量经济学教学中普遍存在的一个突出问题是教学目标和内容定位不明确。从学科本身看，计量经济学已经发展成为一个知识内容丰富而庞杂的学科体系。对于这样知识体系庞大的学科，要想用一门课程来完整系统地介绍其全部知识内容几乎是不可能的。因此，国外大学的计量经济学教学，一般都是针对不同的教学对象，如本科生和研究生等，分别采取初级、中级和高级几个不同层次进行分层次进阶式教学。在课程设置和教学内容安排上，又采取通论性课程与专题性课程相结合的模块化组合式教学方式。通论性课程系统地介绍计量经济学的基本理论和方法，一般的学生至少必须选修某个层次中的一门这类课程（如先修计量经济学导论）。如果学生需要对某些专题方面的知识做更深入的了解，可以通过选修不同的专题性课程来解决（如时间序列计量经济学、面板数据计量经济学）。这种教学模式显然是比较科学合理的。但是目前国内的计量经济学教学中，除个别学校外，一般很少采取这种教

学模式。目前的普遍状况是,本科、硕士和博士阶段都要学习计量经济学,而各层次的教学目标和内容缺乏明确的分工和衔接,结果造成本科计量经济学的教学内容过多过深,而对研究生(特别是博士生)的计量经济学教学又缺乏广度和深度的矛盾。很多辅修学生自身专业并不是经济或金融类专业,其辅修阶段所接触的计量经济学最多是本科的计量经济学基础理论,这些基础理论又多与统计学和概率统计课程重复,即便有少数辅修学生因爱好辅修专业考取了经济金融类研究生,也会因未及时修读本科阶段完整的计量经济学导论课程,而在研究生阶段学习中处于下风,极大地影响后续课程学习效率。

从教学内容安排方面看,辅修行课中又存在着两个极端的情况:一种情况是在有限的时间内(大多64学时内)试图将计量经济学的所有理论知识做完整的介绍,由于讲授内容过泛,不仅会造成重点内容的教学时间难以保证,而且会直接影响学生的学习积极性和教学效果;另一种情况则是教学内容以实际应用为主,对计量经济学的理论和方法介绍得较少,而且教学内容主要是经典计量经济学模型和违背经典假设的应用回归问题(截至教材的多重共线性章节),对动态计量经济学模型、分类选择模型、面板数据模型、非线性回归模型、时间序列模型和联立方程模型等重要内容几乎很少涉及,其结果是学生学完计量经济学这门课程后只了解非常肤浅的知识,缺乏综合分析问题和解决问题的能力。总之,由于教学目标和内容定位不明确,目前本科计量经济学教学中普遍存在教师难教、学生难学的现象,严重地影响了本科辅修计量经济学的教学效果。

(二)理论教学与实验教学脱节

除了教学目标和内容定位不明确外,现阶段本科辅修计量经济学教学中普遍存在的另一个突出问题是理论教学与案例、实验教学严重脱节。这里存在着两种情况:一种情况是理论教学与案例教学相脱节,这是目前计量经济学教学中普遍存在的一个问题。许多教师在讲授这门课程时更多地偏重于计量经济学的理论和方法的介绍,讲课方式类似于数学课全过程推导。有的教师讲课时虽然注意到了理论教学与案例教学相合的问题,但是所使用的案例往往都是从国外教科书上照搬照抄来的,与所学专业和中国经济实际联系得不是很紧密(这在海归教师上课中普遍存在)。另一种情况是理论教学与实验教学相脱节,这也是目前计量经济学教学中普遍存在的一个问题。从教师主观上讲,授课教师是希望加强计量经济学实验教学,但是由于学时和实验条件的限制,实验教学往往重视不够,更多的情况是教师在课堂上本人操作演示计量分析软件的使用方法，学生的上机操作训练大多课后自己完成。由于上述原因，学生上完一个学期的计量经济学课程后，在面临实际经济问题时，仍然不知道如何利用所学的计量经济学理论和方法去进行数量分析，也不能够熟练地利用计量分析软件去建立计量经济模型。这样就违背了计量经济学这门课程开设的初衷，也不利于辅修经济金融专业学生的综合素质和能力的培养。

（三）重理论教学而轻实际应用

此外，重理论教学、轻实际应用也是目前本科辅修计量经济学教学中普遍存在的一个问题。由于学时所限和教学目标不同，本科辅修计量经济学的教学既要系统地讲授计量经济学的基本理论和方法，又要兼顾学生实际应用能力的培养，使两者相得益彰。特别是大部分辅修学生的经济金融学科基础不够扎实，学科背景较为多元化，因此需要循序渐进更加突出计量经济学方法的教学和应用能力的培养，而实践中很多教师没有区分这种差异，仍然过多地集中在理论的阐释和讲授上。比如对于辅修的学生，应在教学中更多地讲解如何根据经济理论建立计量经济模型，如何收集样本数据，如何估计参数，如何进行模型检验，如何将建立的计量经济模型用于经济结构分析、经济预测、政策评价和检验与发展经济理论等，而不是进行方法的数学推导。

三、造成本科辅修计量经济学教学质量不高的主要原因

（一）课程设置不够合理

从课程设置和安排方面看，目前许多学校对计量经济学这门课程的设置和安排方式存在着诸多不合理的现象。首先是课时安排得较少。据调查，大部分学校都将课时安排在一个学期约54个学时，辅修计量经济学最多不超过64学时。在这么有限的学时内，教师是很难将计量经济学这门课程的基本内容讲深讲透的。其次是课程设置方式不尽合理，既没有采取国外通行的通论性课程与专论性课程相结合的课程设置方式，以及由浅入深式的分层次渐进性的教学方式，也没有按照专业的不同和文理科学生数学基础的不同，实施不同教学要求和教学内容的差异化教学。然而与其他的经济学课程不同，由于计量经济学是数学、统计学和经济学的有机结合，因而对学生的数学基础要求较高，而不同专业学生以及文科和理科学生的数学基础差异较大，所以必须针对不同的情况开设不同教学要求和教学内容的课程。但是目

前多数学校没有按照该原则来设置课程，这是计量经济学教学效果不佳的主要原因之一。此外，当前辅修还存在相关先修课程顺序安排不合理和教学班学生人数过多的问题，这些方面的问题在各类学校均有不同程度的存在，这也是教学效果和教学质量不高的原因。

（二）教材编写相对滞后

从教材方面看，缺乏适合中国学生使用的高水平教材是影响本科计量经济学教学质量难以提高的重要因素之一。目前本科及辅修计量经济学教学中使用的教材大体分为两类。一类是由国内学者所编写的教材，这类教材大多偏重于理论和方法的介绍，特别是注重数学过程的推导，内容紧凑，逻辑性强，但是案例较少，对理论和方法在实际中的应用介绍不多。使用这类教材进行教学，对于数学基础差的学生，学习起来难度大，往往会挫伤其学习兴趣。而对于数学基础好的学生，虽然理论掌握的比较好，但是实际应用能力仍然比较薄弱。另一类是由国外引进的英文版的中文翻译教材，这类教材比较突出案例分析和重视学生实际应用能力的培养，但是内容相对比较松散，逻辑性不强。使用这类教材进行教学，对提高学生的实际应用能力比较有帮助，但是对于学生系统掌握理论知识明显存在不足。教材是决定教学效果和教学质量的关键因素，没有好的教材，教学质量绝对不可能提高。所以，缺乏适合中国学生使用的高水平的计量经济学教材，是计量经济学教学质量不高的关键原因之一。

（三）学生习惯于被动的学习方式

本科辅修计量经济学的教学质量不高的第三个原因，是学生长期养成的被动的学习方式。与其他的经济学课程不同，计量经济学是一门理论性和实践性都很强的方法论课程，除了要认真听课外，课后必须要做大量的练习（包括上机练习），只有这样才能够深刻地理解和掌握计量经济学的基本理论、方法和应用。但是，目前比较普遍的状况是，除了课堂听课外，大部分学生平时很少进行课后复习，同时辅修课程很多开设在周末，学生学习听课与其他事务冲突概率高，因此不可能有大量做题和上机练习机会，许多学生往往到考试前一两个星期才进行突击复习。这种消极被动的学习方式是不可能把计量经济学学好的，这也是计量经济学教学质量不高的一个原因。

四、提高本科辅修计量经济学教学质量的相关建议

（一）编写适合本科辅修教学需要的高水平教材

毫无疑问，高水平的教材对于提高计量经济学的教学质量至关重要，所以必须尽快动员和组织本学科教学力量，编写适合本科辅修教学需要的专门计量经济学教材。为了切实做好这项工作，首先要组织本学科领域的专家学者，在充分研究和讨论的基础上，根据不同专业和不同教学层次，分别制定出不同类型的计量经济学课程的教学大纲。然后，动员和组织本学科的教学力量，采取分工协作的方式编写教材。为提高教材的适用性，必须注意正确地处理好教学大纲的统一性和教材的多样化的问题。一般来说，同一教学层次和相同专业的教学大纲上规定的教学内容应该是统一的，但是可以编写出风格各异的不同版本形式的教材，供各个层次学生和教师选用，这样有利于提高教学水平和教学效果。此外，特别要重视计量经济学实验教材的建设，这是提高计量经济学实验教学水平的基本要求。

（二）积极改进辅修教学方法和考核方式

改进辅修班级计量经济学教学方法涉及的内容很多，从教学要求方面看，计量经济学教学的基本要求是重思想、方法和应用，尽量减少或简化烦琐的数学推导和证明；讲授内容应以经典的计量经济学为主，同时适当地介绍一些现代计量经济学的内容。从提高教学效果的角度看，主要是要正确地处理好理论教学与案例教学、理论教学与实验教学以及多媒体教学与传统教学的关系。在理论教学与案例教学关系方面，应尽量采取案例教学的形式进行教学，这是激发学生的学习兴趣和提高教学效果的重要方面。在理论教学与实验教学关系方面，应同时兼顾理论教学和实验教学，计量经济学原理和方法的介绍应与计量经济分析软件包的应用紧密结合起来，这是培养学生实际应用能力的基本途径。在多媒体教学与传统教学关系方面，多媒体教学设施在展示基本教学内容和数据图表等方面具有优势，但是在数学推导和证明方面存在明显不足，所以应将多媒体教学与传统教学两者有机地结合起来使用。

此外，还需要结合计量经济学课程的特点，改进对辅修学生学习成绩的考核方式，强化教学过程的管理。不同于其他的经济学课程，要想学好计量经济学，不仅要重视课堂教学，还需要在课后做大量的习题，同时需要进行大量的

上机练习。所以在对辅修学生的学习成绩考核上，既要注重期末的理论考试，也要加强对期末学生的实验环节的考核，如在试卷中加强实验过程和实验结果的实践科学性考察，设置开放性题目，只有全方位地强化教学过程的管理，才能够激发学生的学习热情，提高计量经济学的教学效果。

（三）积极改善教学条件，完善教学保障体系

由于计量经济学是一门理论性和应用性都很强的学科，所以完备的教学条件和完善的教学保障体系是提高教学质量的必要条件。有关教学条件和教学保障体系建设涉及的内容较多，其中主要应加强这样几方面的工作：一是搞好实验室建设，包括计量经济学实验教学所需要的实验室硬件设施建设、软件设施建设和熟悉计量分析软件操作的实验人员的配备等，目前实验室条件已基本具备，可以试行计量经济学辅修和经济学本科专业的统一实验课程运行；二是搞好案例库的建设，当前计量经济学教学中遇到的普遍难题是缺乏联系中国实际和适合不同专业教学需要的案例，这在一定程度上影响了计量经济学的教学效果，所以应当组织力量，大力建设一个内容丰富的案例库，供教师教学中选用；三是搞好网络课件的建设，由于计量经济学是一门相对比较难学的课程，所以相对于其他课程，加强网络课件的建设尤为重要，网络课件不仅仅是节约课堂教学时间和作为辅助课堂教学的补充学习手段，更重要的是它可以为教师和学生之间搭建一个内容丰富的网络交流平台，对于提高计量经济学教学质量无疑具有极大的帮助。

参考文献：

[1] 杜聪慧. 计量经济学教学新模式研究 [J]. 大学教育，2021（12）：89-91.

[2] 曹栋，郭涛，安翔. 本科计量经济学教学质量影响因素研究 [J]. 教育教学论坛，2020（9）：303-304.

[3] 梁爽. 探究式学习在计量经济学教学中的应用 [J]. 高教学刊，2019（19）：106-108.

[4] 殷李松. "计量经济学"教学培养学生学术能力的策略 [J]. 黄山学院学报，2019（1）：120-122.

[5] 赵海涛. 本科生需求视角的《计量经济学》教学改革探讨 [J]. 教育现代化，2019（8）：170-173.

[6] 李战江，刘妍. 计量经济学教学改革思路探讨——针对应用技术型人才培

养目标［J］．内蒙古农业大学学报（社会科学版），2019（1）：24-27.

［7］赵西亮．因果推断方法应该引入计量经济学教学［J］．经济资料译丛，2017（4）：84-86.

［8］林可全．体验式学习在计量经济学教学中的应用研究［J］．河北工程大学学报（社会科学版），2016（1）：91-94.

［9］刘雪梅．计量经济学教学中存在的问题及改进方法——以辽宁工业大学为例［J］．辽宁工业大学学报（社会科学版），2014（6）：132-133.

［10］陈容，周路军．高校计量经济学教学探讨［J］．教育教学论坛，2014（50）：162-163.

［11］乌云花，赵雪娇，包慧敏．计量经济学教学内容及教学模式改进问题研究［J］．内蒙古农业大学学报（社会科学版），2014（5）：76-78.

［12］周兆平．经济类本科计量经济学教学存在的问题与思考［J］．教学研究，2014（3）：50-53.

附录

国家级一流专业建设点

我院现有招生专业全部入选国家级一流本科专业建设点

发布时间：2022年06月13日　作者：　编辑：教务办　浏览量：929

根据教务部近日下发的《教育部办公厅关于公布2021年度国家级和省级一流本科专业建设点名单的通知》，我院本科6个专业先后获批国家级一流本科专业建设点。

2019年，经济学和国际经济与贸易专业入选第一批国家级一流专业建设点。

四川大学入选国家级一流本科专业建设点情况

序号	获批年度	级别	专业名称	所属学院
1	2019	国家级	美术学	艺术学院
2	2019	国家级	经济学	经济学院
3	2019	国家级	国际经济与贸易	经济学院
4	2019	国家级	法学	法学院
5	2019	国家级	汉语言文学	文学与新闻学院

2020年，在建设经济学和国际经济与贸易专业的同时，学院组织师资完成金融学和国民经济管理专业一流专业建设点的申报工作，并在同年入选第二批国家级一流专业建设点。

32	2019	国家级	预防医学	华西公共卫生学院
33	2019	国家级	药学	华西药学院
34	2020	国家级	视觉传达设计	艺术学院
35	2020	国家级	国民经济管理	经济学院
36	2020	国家级	金融学	经济学院

2021年，在吸取前四个专业建设经验的基础上，再次完成财政学、金融工程专业一流专业建设点的申报工作，同年也入选第三批国家级一流专业建设点。

一级学科博士学位授权点

学科建设

- 通知公告
- 重点学科
- 特色专业
- 学位授权点
- 985工程和学科创新

学位授权点

当前位置：网站首页 / 学科建设 / 学位授权点

我院拥有理论经济学一级学科博士学位授权点、统计学一级学科博士学位授权点、应用经济学一级学科博士学位授权点。理论经济学博士学位授权点下设政治经济学、经济思想史、经济史、西方经济学、世界经济学、人口资源与环境经济学、组织经济学、法经济学、宏观经济学、金融经济学等专业方向。

我院拥有金融、应用统计、税收、国际商务、保险、资产评估、公共管理（MPA）专业硕士，学位授权点：土地资源管理硕士学位授权点。

四川大学经济学院博士、硕士学位授权学科及其获批时间

学科	硕士点及获批时间	博士点及获批时间	重点学科及获批时间
理论经济学（一级学科）	2006	2006	省级重点（2007）
政治经济学	1983	1990	省级重点（2004）国家重点（2005）
世界经济	1986	2003	省级重点（2004）
经济思想史	2006	2006	\
经济史	2006	2006	\
西方经济学	2003	2006	\
人口资源与环境经济学	2006	2006	\
应用经济学（一级学科）	2006	2022	\

经济学本科专业培养计划

学科门类：经济学　　　　　　代　　码：02
类　　别：经济学类　　　　　代　　码：0201
专业名称：经济学　　　　　　专业代码：020101

一、专业培养目标

培养拥有国际视野与经邦济世情怀，经济理论基础扎实、知识宽厚，熟练掌握马克思主义政治经济学基本原理和方法，熟练运用现代经济分析工具，具备较强的经济分析与解决实际问题的能力，具备强烈的创新意识和较强的创新能力，能在政府部门和企事业单位从事经济分析、规划、咨询与管理等工作的复合型高级人才。

二、专业培养要求

要求学生系统掌握经济学基础理论和专业知识，了解经济学的学术动态，熟悉党和国家的方针政策和法律法规；具有运用现代经济分析方法和工具，研究解决实际经济问题的能力；数学基础良好，熟练掌握一门外语和现代信息技术；熟悉人文社科等相关领域的知识。

毕业生应获得以下几方面的知识和能力：

1. 具备良好的政治素质、道德品质和爱国爱校情怀；
2. 熟练掌握马克思主义政治经济学、当代西方经济学的基本理论和研究方法，了解学术动态；
3. 熟练掌握现代经济学的主要分析方法与工具，掌握一门外语和现代信息技术；
4. 熟悉中国特色社会主义经济理论与实践；
5. 具有良好的人文素养、强烈的创新意识、较强的语言文字能力和国际交流能力。

三、专业核心课程

政治经济学、微观经济学、宏观经济学、金融学、财政学、会计学、统计学、计量经济学、中国特色社会主义政治经济学、《资本论》选读、经济史、经济思想史、产业经济学、环境与资源经济学、发展经济学、经济学方法论、新制度经济学（全英文）、社会主义市场经济理论等。

四、修业年限及学习年限

四年，三至六年

五、毕业最低总学分

160

六、授予学位

经济学学士

七、教学计划进度表

（略）

附录

经济学（拔尖计划）本科专业培养计划

学科门类：经济学　　　　　　　代　　码：02
类　　别：经济学类　　　　　　代　　码：0201
专业名称：经济学（拔尖计划）　专业代码：020113

一、专业培养目标

以习近平新时代中国特色社会主义思想为指导，依据新文科教育理念，确立"中国特色、世界一流"的专业定位，坚持"厚基础、宽口径、重交叉、求创新"的育人特色和"一元主导、多维创新"的人才培养模式，培养一批具有扎实马克思主义政治经济学基础，掌握中国特色社会主义经济学理论和发展前沿，具有经济思想史和经济史深厚素养，对中国特色社会主义市场经济实践有深刻认识，能够回答和解决中国发展中的重大现实问题，并在未来能够基于中国经验总结抽象出一般经济规律，推动经济学基础理论创新，为人类发展和命运共同体的构建贡献中国智慧的经济学学术大师和中国特色社会主义建设的可靠接班人。

二、专业培养要求

1. 具备良好的政治素质、道德品质和爱国爱校情怀；
2. 熟练掌握马克思主义政治经济学的基本理论和研究方法，了解学术动态，坚持马克思主义立场、观点和方法，扎实掌握马恩原著及其相关文献并能熟练运用于对现实问题的分析；
3. 熟练掌握现代经济学的主要分析方法与工具，掌握一门外语和现代信息技术，具有较强的逻辑分析能力、思辨能力和跨学科综合能力，能灵活运用经济学分析方法；
4. 具有良好的人文素养、强烈的创新意识、流畅的语言表达能力和熟练的国际交流能力；

5. 熟悉中国特色社会主义经济理论与实践，具有宽广的国际视野和娴熟的全球沟通与治理能力。

三、专业核心课程

《资本论》选读、国际经济学、外国经济史、中国经济史、经济思想史、经济学原著导读、中级政治经济学、中级微观经济学、中级宏观经济学、中级计量经济学、经济理论前沿、社会科学方法论、时间序列分析、常微分方程等（10~15门）。

四、修业年限及学习年限

四年

五、毕业最低总学分

167

六、授予学位

经济学学士

七、教学计划进度表

（略）

2017—2022 年获批
国家社会科学基金项目一览表

项目名称	负责人	立项年度	项目类别
"市场+政府+社群"协同治理框架下数据要素高质量供给的系统规制研究	杨艳	2022年	一般项目
南北差距视角下区域经济协调发展与促进共同富裕研究	邓忠奇	2022年	一般项目
"双碳"目标下西部地区高耗能制造业低碳转型研究	黄勤	2022年	一般项目
数字金融对系统性金融风险多维影响的机理、效应及对策研究	曾忠东	2022年	一般项目
需求侧管理下中国全球价值链地位提升的机理和对策研究	蒋瑛	2021年	重点项目
风险冲击视角下规模性返贫的预警、阻断与长效治理研究	贺立龙	2021年	一般项目
基于准自然实验的社会组织综合性扶贫效应及可持续性研究	路征	2021年	一般项目
地方政府隐性债务的系统性金融风险预警及防控对策研究	赵颖岚	2021年	一般项目
数字经济驱动下公司治理变革的机理与效应研究	徐子尧	2021年	一般项目
政治经济学视角下人工智能对劳动者就业的影响研究	唐永	2021年	青年项目
成渝地区双城经济圈城乡融合发展研究	龚勤林	2020年	一般项目
基于马克思理论的生产力进步测度、产出变动分解与经济增长研究	骆桢	2019年	一般项目
数字金融支持中小民营企业融资生态链研究	马德功	2019年	一般项目
最终市场变革对全球价值链的影响研究	李优树	2019年	一般项目

续表

项目名称	负责人	立项年度	项目类别
市场与政府协调下的农村土地制度和户籍制度系统联动改革研究	韩立达	2019年	一般项目
西部地区优质生态产品供给能力的关键影响因素识别与提升对策研究	刘勇	2019年	西部项目
西藏农牧区脱贫致富进程中的传统观念转型现状调查研究	李中锋	2019年	西部项目
精准扶贫思想：生成逻辑、内容体系和实践效果研究	蒋永穆	2018年	重大项目
深度贫困的结构性分布与高质量退出研究	朱方明	2018年	重点项目
西部地区农民金融能力对其获得感的影响机理研究	贾立	2018年	一般项目
金融结构视角下系统性风险形成的微观机制与防范研究	吴良	2018年	一般项目
大数据时代中国应对科技与金融深度融合的风险管控研究	张红伟	2018年	一般项目
增长、环境和拥挤三重效应下的中国最优城市规模研究	邓忠奇	2018年	青年项目
基于地权演化视角的美丽乡村共建共享共治机制研究	姚树荣	2017年	一般项目
注册制改革背景下上市公司退市制度的发展和优化研究	张妍妍	2017年	一般项目
中央与地方政府目标偏差视角下金融系统性风险研究	邹瑾	2017年	一般项目

2017—2022 年获批国家自然科学基金项目一览表

项目名称	负责人	立项年度	项目类别
临终前医疗支出水平及其经济效率的实证评价	赵绍阳	2022 年	面上项目
长江经济带生态－经济价值转化效率影响机制与提升路径研究	陈晓兰	2022 年	青年科学基金项目
"双循环"新发展格局下工业机器人应用的就业效应研究	闫雪凌	2021 年	青年科学基金项目
失业冲击下的中国家庭消费和生育行为研究	赵达	2021 年	青年科学基金项目
内生不确定性与中国经济波动研究	祝梓翔	2020 年	青年科学基金项目
乡村振兴战略背景下新型农业经营主体的辐射带动效应研究	李江一	2019 年	青年科学基金项目
中国企业出口产品升级路径与机制研究——基于企业与区域互动的视角	周沂	2018 年	青年科学基金项目
"一带一路"与中国西部发展	邓翔	2017 年	应急管理项目
中国的人口迁移流动与住房价格空间差异化发展：机制研究与趋势预测	邓国营	2017 年	面上项目
老年人医疗保障、医疗支出与储蓄问题研究	赵绍阳	2017 年	面上项目

省部级以上教学改革项目一览表

序号	项目名称	项目负责人	项目来源/奖项名称	年份	等级	授予部门
1	高等学校学生思想政治教育三支队伍协同育人机制研究与实践	蒋永穆	四川省2018—2020年高等教育人才培养质量和教学改革项目	2018	省部级重点	四川省教育厅
2	以卓越学术为引领的高校教师发展机制与实践研究	张红伟	四川省2018—2020年高等教育人才培养质量和教学改革项目	2018	省部级重点	四川省教育厅
3	研究型大学学科交叉培养经济类拔尖创新人才的探索与实践	龚勤林	四川省2018—2020年高等教育人才培养质量和教学改革项目	2018	省部级重点	四川省教育厅
4	"双一流"高校外向型创新创业研究生人才培养模式研究	蒋瑛	四川省2018—2020年高等教育人才培养质量和教学改革项目	2018	省部级一般	四川省教育厅
5	以量化交易课程建设为依托的金融实践教学研究	吴良	四川省2018—2020年高等教育人才培养质量和教学改革项目	2018	省部级一般	四川省教育厅
6	"双一流"大学基于创新创业人才培养的思政教育短板破解与质量提升研究	徐海鑫	四川省2018—2020年高等教育人才培养质量和教学改革项目	2018	省部级一般	四川省教育厅
7	研究型大学一流专业与一流学科建设协同培养经济拔尖创新人才研究	龚勤林	四川省2021—2023年高等教育人才培养质量和教学改革项目	2022	省部级重点	四川省教育厅

续表

序号	项目名称	项目负责人	项目来源/奖项名称	年份	等级	授予部门
8	科技赋能"金融+"课程体系优化与教学内容改革的探索与实践	邹瑾	四川省2021—2023年高等教育人才培养质量和教学改革项目	2022	省部级一般	四川省教育厅
9	高校"课程思政"引领"金课"建设的研究与实践——以财经类课程为例	段海英	四川省2021—2023年高等教育人才培养质量和教学改革项目	2022	省部级一般	四川省教育厅
10	金融类课程教学与课程思政深度融合体系建设研究：以《国际金融》课程	邓国营	四川省2021—2023年高等教育人才培养质量和教学改革项目	2022	省部级一般	四川省教育厅
11	服务长江经济带发展的经济与贸易类人才培养模式优化研究	蒋瑛	四川省2021—2023年高等教育人才培养质量和教学改革项目	2022	省部级一般	四川省教育厅

省部级以上代表性教学改革及成果展示

序号	项目名称	获奖/项目等级	获奖人/负责人	时间
1	以课堂教学改革为突破口的一流本科教育川大实践	国家级教学成果特等奖	谢和平、步宏、张红伟（经济学院）、李中锋（经济学院）等	2018
2	全面发展的精英教育：四川大学本科创新人才培养的探索与实践	国家级教学成果二等奖	谢和平、步宏、张红伟（经济学院）、李中锋（经济学院）等	2014
3	研究型综合大学经济类拔尖创新人才国际化培养探索与实践	国家级教学成果二等奖	张红伟、龚勤林、蒋瑛、杨艳、涂刚、张衔、肖慈方、于璐、谢蓓、刘用明	2014
4	激发内生动力，提升教学能力——高校教师教学发展长效机制的探索与成效	四川省教学成果一等奖	张红伟（经济学院）、兰利琼等	2018
5	培养具有国际竞争力人才的课堂教学改革与实践	四川省教学成果一等奖	谢和平、步宏、张红伟（经济学院）、李中锋（经济学院）等	2018
6	高校经济学课程考试方式改革与创新研究	四川省教学成果二等奖	杨艳、段海英、路征、吴丰、王彬、龚勤林、邓丽、黄勤、朱第、罗玉常	2018
7	研究型大学科研与教学互动培养经济类拔尖创新人才的探索与实践	四川省教学成果二等奖	朱方明、龚勤林、蒋瑛、张衔、刘用明、涂刚、杨艳、肖慈方等	2018
8	"8秒正能量"主题微活动：推进社会主义核心价值观教育的探索与实践	四川省教学成果二等奖	蒋永穆（经济学院）、黄丽珊等	2018

续表

序号	项目名称	获奖/项目等级	获奖人/负责人	时间
9	高等学校学生思想政治教育三支队伍协同育人机制研究与实践	省级，重点项目	蒋永穆（2020年四川省教书育人名师）	2018
10	以卓越学术为引领的高校教师发展机制与实践研究	省级，重点项目	张红伟（2018年宝钢优秀教师特等奖；2019四川省教书育人名师）	2018
11	以弘扬江姐精神为引领的四川大学红色文化育人体系构建与实践	四川省教学成果一等奖	曹萍、张红伟（经济学院）等	2021
12	研究型大学"财经+"拔尖创新人才培养的探索与实践	四川省教学成果一等奖	蒋永穆、龚勤林、寇辉、骆桢、邹瑾、崔传涛、王彬、段磊、涂刚、周沂	2021
13	"以赛带练－以赛促教－以赛比学"财经类创新创业人才培养的探索与实践	四川省教学成果一等奖	龚勤林、蒋永穆、李航星、朱莉、余川江、曾武佳、陈弘、邓丽、熊兰、余澳	2021

省部级以上一流本科课程一览表

序号	项目名称	负责人	项目来源	年份	授予部门
1	货币金融学	张红伟	国家级一流本科课程（线下）	2020	教育部
2	西方经济学	张衔	国家级精品在线开放课程	2020	教育部
3	国民经济管理	杨艳	线下一流课程	2021	四川省
4	财政学	段海英	线上线下混合式一流课程	2021	四川省
5	金融风险管理	邹瑾	线上线下混合式一流课程	2021	四川省
6	国际金融（全英文）	马德功	线下一流课程	2021	四川省
7	社会主义经济专题	蒋和胜	四川省高等学校"课程思政"示范课程	2019	四川省教育厅
8	财富管理的艺术：金融工具与风险管理	邹瑾	四川省精品在线开放课程	2019	四川省教育厅
9	《跨国企业管理》金课建设研究	邓常春	高等学校经济与贸易类专业核心课程"金课"建设研究项目	2020	教育部高等学校经济与贸易类专业教指委
10	财务报表分析	徐桂兰	省级一流本科课程（线下）	2020	四川省教育厅
11	公司金融	战松	省级一流本科课程（线上）	2022	四川省教育厅
12	新时代中国特色经济学课程思政教学团队	龚勤林	省级课程思政示范团队	2022	四川省教育厅

附录

基层教研活动（部分）

专业课教学如何更好融入思政元素

  2022年6月25日，经济系全体教师在经济学院北314室举行了课程思政的专题研讨会，会议邀请了贺立龙老师就专业课教学如何更好融入思政元素作专题报告。贺立龙老师以政治经济学课程中的重要概念"资本"为例，结合习近平总书记的重要讲话及历次中央会议精神，深入分析了在中国特色社会市场经济制度下如何看待和利用资本的问题。他指出，一方面，要更好发挥资本作为生产要素所具有的促进经济发展的积极作用；另一方面，要重视和遏制资本无序扩张带来的一系列重大影响。同时，贺立龙老师还根据党中央、国务院的相关政策要求，并结合政治经济学基本原理深入分析了应对资本无序扩张的措施和建议。与会老师围绕贺立龙老师的讲座内容展开了热烈讨论。

新时代经济学国家一流专业建设的川大实践

党史学习和党史进课程

2021年6月18日，经济系党支部在经济学院北314室举办了学党史系列政治学习和党史教育进入课程思政的基层教学研讨会。

首先，党支部书记余澳带领大家回顾了中国共产党的创立史、革命史、新中国建设史以及改革开放的历程，指明了各个阶段的历史任务和当时先辈们的奋斗历程。在座的各位老师也踊跃发言分享了自己的感悟和体验。其中，韩立达老教授从土地制度沿革的视角提出，中国共产党的党史中所渗透出来的实事求是的精神特别可贵。严丰老师提出，要通过学党史振奋精神，推动经济系的和四川大学经济学科的高水平发展。

会议还就如何将党史教育作为课程思政的重要内容融入经济学本科教学进行了深度讨论。赵达老师提出，新中国经济增长奇迹应从中国共产党的重要性和中国政府的积极作为出发进行解释。陈晓兰老师和刘勇老师强调，在课程中应融入共产党的生态文明思想，并将其作为重要部分纳入环境经济学的教学体系中。贺立龙老师指出，中国特色社会主义实践不仅有中国的特殊性，而且是社会主义运动和人类社会主义发展的新阶段。邓忠奇老师指出，党史教育不仅是宏观的问题，也可以从我们学校和我们经济学科的发展历程给学生启发和感悟。唐永老师指出，在经济史的教课程教学中融入党史是应有之义，也是更好理解中国经济发展的必经之路。何旭东老师和李晓波老师提出，党史教育不仅是课程思政和经济学理论教学的一部分，而且是民族精神和传统文化的弘扬与继承，这是我们教育工作的核心和实质。

本次学习和研讨都取得了很好的效果，为下一阶段教学改革的深入推进奠定了基础。

新时代经济学国家一流专业建设的川大实践

课程思政教学研讨活动

2021年4月23日，经济系全体教师在经济学院北314室围绕课程思政展开了热烈讨论。

经过充分讨论，大家一直认为，课程思政是经济学教学工作的应有之责，也是分析中国经济发展奇迹的必然结果。因此，经济学教学中的课程思政素材很多，需要花心思进行总结和组织，以改善教学效果。有教师提出，伴随着课程思政工作的开展，应该将课程思政的经验和感悟及时总结纪录，积累到一定程度可以结集出版。

在课程思政案例和方式讨论之余，经济系各位教师还讨论了金课建设和教材建设等问题。

新时代经济学国家一流专业建设的川大实践

青年教师新时期如何加强师德师风建设

2018年9月21日，经济学院在四川大学科华苑宾馆四楼会议室举行了以师德师风建设为主题的培训会，学校教务处张红伟处长，学院领导班子全体成员，近五年入职的中青年教师，党政办、科研办、学生科、教务办部分教师参加了会议。

培训会由学院主管本科教学的副院长龚勤林教授主持。

学院党委书记熊兰教授作了"青年教师新时期如何加强师德师风建设以及青年教师成长"为题的讲话，带头学习习近平总书记在全国高校思想政治工作会议上的重要讲话精神。熊兰书记强调，教师发展，师德为要，高素质的教师队伍是办好教育的基础与前提，抓好师德师风是建设高素质教师队伍的内在要求和重要保证，习近平总书记的讲话为我们在新时代师德师风的建设指明了方向，增加了前进动力，我们要做学生锤炼品格的引路人，做学生学习知识的引路人，做学生创新思维的引路人，做学生奉献祖国的引路人。

接着，会议邀请的西南财经大学教师教学发展中心主任王远均教授以"大学课程范式转换——从教得好到学得好"为题作主题报告。

副院长邓翔对青年教师的科研发展进行了强调，并着重介绍了学院科研激励政策。副院长梁剑向青年教师介绍了学院在教学科研方面的保障措施等。

校院督导组专家们就教学运行中的课堂教学、论文指导、试卷批改等方面进行了经验分享，并对青年教师提出殷切期望。

党政办、科研办、学生科、教务办、实验室的老师就职称晋升、科研项目申报、本科教学工作、综合事务管理、文综实验室、关爱学生等涉及老师们教学科研各方面的工作与青年教师进行了详细讲解和交流。

教务处处长张红伟教授对我院在教育部本科教学评估后第一时间开展对新进教师的培训交流会进行了高度评价，认为这是以评促建、以评促改的重要落实和体现，希望青年教师们对经济学院的本科教学和全面工作做出积极贡献。

最后，学院院长蒋永穆教授对此次会议作了总结并提出期望，希望青年教师不忘初心，坚守底线，努力工作，把学院工作做好、干实，努力推动学院各项工作不断迈上新的台阶。

此次培训交流会内容丰富，议程紧凑，教师们纷纷表示干货多多。之后，学院将根据工作安排，针对"提升本科教学质量办最好本科"陆续开展系列培训活动。

近年来本科生科研、实践成果展示

表1 近年来本科生10项代表性学术论文成果

学生	文章名称	期刊名称	期刊号
秦范	如何破解农地流转的需求困境？——以发展新型农业经营主体为例	管理世界	2022, 38 (2): 84-99+6
朱博楷	工业机器人使用与制造业就业：来自中国的证据	统计研究	2020, 37 (1): 74-87
熊雪锋	宅基地权利分置的制度结构与农户福利	中国土地科学	2018, 32 (4): 16-23.
袁梨	农民自主型"增减挂钩"模式的微观福利测度	中国土地科学	2017, 31 (1): 55-63.
李睿	产业视角下的社群经济类型划分研究	农村经济	2017 (9): 30-36
黄登清等	我国家庭农场发展特征及其金融需求状况分析——基于对3市424个家庭农场的入户调查	农村金融研究；获《农村金融研究》2016年优秀作品一等奖	2016 (12): 59-64
郭镜元	Judicial institutions, local protection and market segmentation: evidence from the establishment of interprovincial circuit tribunals in China	China Economic Review	2022 (75): 101829
杨潇	Book chapter: The Decline of China's Market Integration in Qing Dynasty, in Institutional Change and China Capitalism	Book-editors: Antoine Parent, Antoine Le Riche and Lei Zhang	2021年8月出版
刘恒志	Determining the information share of liquidity and order flows in extreme price movements	Economic modeling	2020 (93): 559-575

表 2　近年来本科生 10 项代表性参与教师科研项目

学生	项目名称	项目来源	年份
谭皓文等	风险冲击视角下规模性返贫的预警、阻断与长效治理研究	国家社会科学基金一般项目	2022
宗晓雪	中国企业出口产品升级路径与机制研究——基于企业与区域互动的视角	国家自然科学基金青年项目	2022
陈凌峰等	我国家庭养育成本的测度及其对生育率影响研究	教育部	2021
张道涵等	未来 3~5 年共建"一带一路"面临的机遇、风险和挑战研究	国家社科基金重大招标项目	2020
白昊霖	大数据时代中国应对科技与金融深度融合的风险管控研究	国家社会科学基金一般项目	2018
王博	金融结构视角下系统性风险形成机制与防范研究	国家社会科学基金一般项目	2018
徐可欣	产业融合背景下农村劳动力本地非农就业的现状、动因及影响研究	教育部人文社科一般项目	2020
何玥等	绝对贫困与相对贫困的结构转换与协同治理研究	四川省社会科学规划办公室	2022
张书源等	"双循环"背景下四川新经济企业高质量发展转型路径研究	四川省科技厅	2022
张栩源	四川省区域产业动态演化统计监测研究	四川省社会科学规划办公室	2021
王瑶	四川省地方政府隐性债务风险形成机制与化解对策研究	四川省社会科学规划办公室	2021
袁野	供给侧结构性改革背景下四川省经济增长方式转变研究	四川省社会科学规划办公室	2021
银璐	四川省全面二孩政策的实施效果及影响研究	四川省社会科学青年项目	2019
罗悦	成渝地区双城经济圈自贸试验区科技创新政策研究	四川省科技厅年软科学	2021
王翌春等	四川省企业走出去问题研究——基于"一带一路"倡议的视角	四川省科技厅年软科学	2019

续表

学生	项目名称	项目来源	年份
任琛维	创新系统视角下四川省产学知识协同创新研究	四川省科技厅一般项目	2020
刘昊昂	基于高频订单流统计模型的金融风险形成微观机制研究	四川大学创新火花项目	2018
李雯欣等	对外投资与政治互信：来自中国企业海外并购的证据	中国博士后科学基金面上项目	2019

近年来本科生代表性学术竞赛国家级获奖

学生	项目名称	类别及年份	级别
陈鹏、张书源等	黑柔科技－新型柔性显示电路板	第八届中国"互联网＋"大学生创新创业大赛（2022）	国家级金奖
裴子凡、艾静思、宗晓雪等	半透明钙钛矿太阳能电池材料及器件开发	第八届中国"互联网＋"大学生创新创业大赛（2022）	国家级金奖
李浩宇、余佳阳等	低成本磷酸铁锂材料制备	第八届中国"互联网＋"大学生创新创业大赛（2022）	国家级金奖
万旭峰、何玥等	节骶新生——开辟恒久关节假体高效定制新纪元	第八届中国"互联网＋"大学生创新创业大赛（2022）	国家级金奖
张仕豪、杨星、叶雅欣等	辐瞳——穿戴式智能辐射监测预警设备开拓者	第八届中国"互联网＋"大学生创新创业大赛（2022）	国家级银奖
黄珍梅、罗嘉琦等	OLED柔性显示关键材料和技术产业化	第七届中国"互联网＋"大学生创新创业大赛（2021）	国家级金奖
冯聪、徐婧雯等	腱倍特——全球首款诱导性腱骨愈合注射剂	第七届中国"互联网＋"大学生创新创业大赛（2021）	国家级金奖
刘馨遥、白昊霖等	真探科技·细胞膜探针行业领军者	第六届中国"互联网＋"大学生创新创业大赛（2020）	国家级银奖
裴彦博	基因方舟——分子克隆服务全球引领者	第五届中国"互联网＋"大学生创新创业大赛（2019）	国家级金奖
万奕甫	利吾肝——挽救衰竭肝脏体外支持仪	第五届中国"互联网＋"大学生创新创业大赛（2019）	国家级金奖

续表

学生	项目名称	类别及年份	级别
汪海倩、马路欣等	"扶贫扶智"背景下失依儿童教育帮扶模式探索——基于四川省凉山州的实地调研	第十六届"挑战杯"全国大学生课外学术科技作品竞赛（2019）	国家级二等奖
蒋妍怡、童谣等	可视化农产品电商平台开发运营模式研究	大学生创新创业训练计划（2019）	国家级
涂宏辉	薪公益——保障农民工工资支付项目	第四届中国"互联网＋"大学生创新创业大赛（2018）	国家级银奖
邓芳树、韩泰来	DeepNet 肺结节人工智能项目	第三届"互联网＋"全国大学生创新创业竞赛（2017）	国家级金奖
何梦亚	Niceky 自抗凝性高通量血液透析器项目	第三届"互联网＋"全国大学生创新创业竞赛（2017）	国家级金奖
高俊飞等	西部地区返乡农民工创业模式探索——基于四川阆中、郫县、双流三地的实地调研	第十五届"挑战杯"大学生课外学术科技作品竞赛（2017）	国家级三等奖
童永胜、林毅等	我国家庭农场金融需求的影响因素分析——基于东、中、西三个省区的调查	大学生创新创业训练计划（2016）	国家级
孝建国等	新型职业农民培训调查	第十四届"挑战杯"全国大学生课外学术科技作品竞赛（2015）	国家级二等奖